_____ 드림

**초판 1쇄 발행** 2013년 11월 20일
**초판 6쇄 발행** 2018년 12월 21일

**기획** EBS 미디어
**지은이** EBS 〈부모〉 제작팀
**본문 구성** 신혜진

**발행인** 장상진
**발행처** 경향미디어
**등록번호** 제313-2002-477호
**등록일자** 2002년 1월 31일

**주소** 서울시 영등포구 양평동 2가 37-1번지 동아프라임밸리 507-508호
**전화** 1644-5613 | **팩스** 02) 304-5613

**저작권자** ⓒ 2013 EBS

**ISBN** 978-89-6518-083-8  13370

# EBS 부모

## | 아이 발달 |

EBS 부모 제작팀 지음 | EBS MEDIA 기획

경향미디어

　오랜 기간 EBS 〈부모〉에 출연하면서 때로는 1:1의 상담을 통해, 때로는 전반적인 아동발달에 대해 다루어왔습니다. 그 시간 동안 좋은 엄마가 되기 위해 고민하고 있는 많은 부모님들의 간절하고 절박한 마음을 만나왔고, 그 아이들에게 맞는 훈육 방법을 찾기 위해 함께 노력해왔습니다. 그러나 방송에서는 시간의 제약으로 다룰 수 있는 내용이 많이 한정되기 때문에 깊이 있는 설명을 드리기 어려워, 마음 한 편에는 좀 더 구체적이고 체계적인 안내서가 필요하겠다는 마음이 많았습니다. 양육이란 결코 쉬운 일은 아니지만 나를 알고 남을 알면 백전백승이라는 말이 있듯이 엄마가 자신의 마음을 잘 알고, 내 아이의 발달 단계와 마음을 잘 이해한다면 양육은 신바람 나는 일이 될 수도 있기 때문입니다. 이를 위해서는 우선 내 아이의 연령에서 어떤 발달이 어떻게 이루어지는지 잘 이해하고 있는 것이 무엇보다 중요합니다. 예를 들어, 10살 아이를 1살 아이 다루듯이 다룬다면, 반대로 1살 아이를 10살 아이처럼 다룬다면 엄마와 아이 모두 절망이라는 깊은 수렁 속으로 빠지게 될 것이 자명한 일이지 않겠습니까? 그러므로 공감을 기본으로 한 적절한 훈육은 아이에 대한 따뜻하지만 정확한 이해가 있어야 가능한 일입니다. 이를 위해 부모님들께서 아이의 발달 영역에 대해 어느 정도 알고 있어야 합니다.

바로 이런 점에 주목해서 이 책에서는 아이 발달에 있어서 부모님들이 반드시 알아야 하는 5가지 발달 영역에 대해 소개하고 있습니다. '모든 발달의 기초가 되는 애착', '내 아이의 반응 패턴에 대한 지침서가 되는 인지발달', '사회에서 잘 살아남아 성공할 수 있도록 돕는 자기조절 능력', '지능지수보다 더 중요한 정서지능', 그리고 '아이 발달의 종합판이 되는 사회성'이라는 5가지 발달 영역의 기본 개념을 쉽고 생생하게 소개하고 있어 부모님들이 보다 쉽게 이해할 수 있도록 돕고 있습니다. 더 나아가 각 영역의 발달 단계 및 유형에 대해 소개하고 이를 도울 수 있는 양육태도, 놀이와 문제 행동에 대한 해법까지도 소개하고 있습니다. 이 책을 정독한 부모님이라면 아이 양육에 필요한 기본 지식을 습득하는 데 큰 도움을 받을 수 있을 것이라 생각합니다. 많은 부모님들이 이 책을 통해 따뜻하고 진솔한 마음을 가지고 힘 있게 아이를 훈육하는 일을 보다 건강하게 해나갈 수 있게 되기를 바랍니다.

**원광아동상담센터 소장** 이영애

# 행복한 육아로 가는 지름길은
# 아이가 자라는 만큼만 옆에서 도와주는 것!

5살 된 아들이 사촌 형에게 토마스 기차가 그려진 샌들을 물려받았다. 걸을 때마다 번 쩍번쩍 불이 들어오는 게 좋았는지 여름 내내 그 샌들만 좋아하던 아이는 가을이 오고 겨울이 오는데도 그 낡은 샌들을 절대 벗지 않으려 했다. 신으려는 아들과 벗기려는 엄마. 매일 아침마다 한바탕 그런 난리가 없었다. 한겨울, 눈까지 오는데 여름 샌들이라니….

육아 프로그램 작가라면서 아이 마음 하나 달래지 못하고 아침마다 전쟁을 벌이던 무렵 〈부모〉에서 아동발달 특집을 하게 됐다. 도저히 이해가 안 되던 내 아이의 행동, 그 해답은 바로 아이의 발달에 있었다.

자기중심성이 폭발하는 5살은 직관적 사고기라 모든 사물을 자신의 입장에서 판단하고 꿈의 실재론, 즉 만화나 동화, 꿈속에서 일어나는 일들을 자신의 일로 동일시하는 나이다. 아들은 바로 전조작기의 한가운데 있었던 거다. 토마스 신발을 신으면 곧 자신이 토마스 기차가 되어 쌩쌩 달리게 될 거라는 굳은 믿음, 아이의 그 마음을 전혀 이해하지도 이해하려고도 하지 않았던 것이다.

'낯선 사람만 보면 자지러질 듯 우는 아기… 왜 그러죠?'

'친구가 때리지도 않았는데 자꾸 친구가 때렸다며 거짓말을 하는 아이… 걱정돼요.'

'어느 날부턴가 엄마가 죽으면 어떡하냐며 24시간 껌딱지가 된 아이… 왜 이럴까요?'

〈부모〉 게시판에 쏟아지는 엄마들의 고민과 고충은 아이의 발달 단계를 제대로만 알면 대부분 이해할 수 있는 것들이었다. 조기교육, 선행학습 등 뭐든지 남들보다 빠르게 먼저 앞서가야 한다고 믿는 육아 선행의 시대. 아이의 발달 단계는 무시한 채 준비되지 않은 아이의 손을 이끌고 힘겹게 달리기하는 부모들이 많은 게 요즘 현실이다.

지피지기면 백전백승이란 말은 육아전쟁에서도 통한다. 내 아이의 발달 단계만 제대로 알아도 아이의 행동이, 아이의 마음이, 아이의 생각이 보일 거라 확신한다.

방송작가 **윤귀례**

# 내 아이의 성장과 발달을 알면,
# '나쁜 엄마'는 피할 수 있다

운 좋게 꽤 오랫동안 〈부모〉라는 프로그램에서 작가로 일하면서 하나였던 아이가 둘이 되었다. 큰아이가 6살이 되고 보니 유치원 엄마들과도 자연스럽게 자주 만나게 됐고, 엄마들은 한결같이 내게 이렇게 말했다.

"용민이 엄마는 좋겠다, 그런 프로그램의 작가니…… 아이 정말 잘 키우겠어요."라고.

그럴 때마다 얼굴이 얼마나 화끈거리던지! 훌륭한 전문가들을 많이 만나서 들은 건 어마어마한 것 같은데 집에 돌아와 내 아이를 만나면 난 여전히 발전 없는 '나쁜 엄마'가 되어 있었다. 오히려 알면서도 실천을 못하니 자괴감까지 들 정도였다.

다음날 선생님들께 다시 물었다.

"우리 애는 도대체 왜 그럴까요?"

그러면 제일 먼저 "지금 몇 살인데요? 그때는 다 그래요." 한결같은 말이 돌아왔다. 당시에는 속 편하게 말씀하시는 것 같아 속상했지만, 아이 발달과 성장 과정을 알고 나니 '아, 그 말이 진리였구나' 하는 생각이 든다.

우리가 한 해 두 해 지나면서 올해 유행하는 립스틱 색깔보다 가격 대비 훌륭한 아이의 장난감이나 동화책 정보를 더 갈망하는 '엄마'로 변했듯이 아이들도 매순간 관심분야도 언어도 친구관계도 소위 "그때 그때 달라요!"란 말씀. 적어도 '나쁜 엄마'가 안 되기 위해서는 제일 먼저, 내 아이는 현재 어떤 발달 과정 속에 있는지를 살펴야 한다.

"아이가 왜 이럴까?" 말하기 전에 마음속으로 '아, 여섯 살! 요즘 아이들은 우리 자랄 때보다 2년은 빠르다고 하니 정신연령으로는 8살. 그래, 한창 잘난 척할 때지.' 하며 한 번 더 생각해보면 어떨까.

이 책이 나처럼 아직 갈 길이 먼 엄마들에게 조금이나마 내 아이를 이해할 수 있는 데 도움이 됐으면 하는 마음이다.

방송작가 김혜림

## PART **1**

## 애착이 내 아이의 평생을 좌우한다

PART 4

# 정서지능이 집중력과 도전의식을 키운다

# PART 5

## 내 아이의 기질에 맞게 사회성을 키워라

# 애착이
# 내 아이의 평생을
# 좌우한다

—

# 01
## LESSON

# 애착은 아이 발달의
# 기초공사다

부모가 아이를 기른다는 것은 하나의 새로운 세계를 만나고 구축하는 것과 같다. 부모와 아이가 만나 유쾌하고 따뜻한 멜로디를 창조하기도 하고, 때론 안타깝게도 불행하고 끔찍한 불협화음을 만들어내기도 한다. 아이와 함께 만들어가는 일상은 언제나 예측불허이지만 그 일상을 어떻게 채워 가느냐에 따라 아이와 부모의 인생이 달라진다는 것만은 분명하다.

그렇다면 부모가 아이를 기르는 데 있어서 가장 중요한 것, 다른 것은 없어도 이것만은 꼭 있어야 한다는 것이 하나 있다면 무엇일까? 제대로 된 발달을 이루어가는 데 꼭 필요하고, 이를 바탕으로 모든 것이 발달해나가는 것이 있다면 무엇일까? 답은 바로 애착이다. 애착은 아이의 생존에 꼭 필요하고, 나아가 평생에 걸쳐서 인생을 좌우할 수도 있기 때문에 아이의 발달을 다룰 때 첫 번째로 꼭 짚고 넘어가야 하는 요소이다.

아이는 태어나는 순간부터 양육자와 애착관계를 형성한다. 아이는 엄마와의 접촉을 통해 이 낯선 세상이 안전한 곳이고, 세상이 자신을 환영한다는 것을 느낀다. 특히 생애 초기의 애착관계는 매우 중요해서, 생후 3세까지 안정적인 애착관계를 형성해야 이후의 삶도 안정적으로 꾸려나갈 수 있다. 애착은 사회성, 대인관계, 도덕성, 자기조절 등 아이의 모든 면을 든든하게 떠받드는 단 한 가지 요소이다. 아이의 발달에 있어서 애착이 기초공사라고 하는 이유가 여기에 있다.

## 애착은 곧 생존이다

그렇게 중요한 애착이란 과연 무엇일까? 사전적 의미로는 '몹시 사랑하거나 끌리어서 떨어지지 아니함, 또는 그런 마음'이다. 아동발달에서는 특히 상호 간의 애착이 아니라 엄마에 대한 아이의 애착을 의미한다. 그러니까 엄마가 아이에게 애착이 되었다는 말은 쓰지 않고, 아이가 엄마에게 애착되었다는 말이 올바른 표현이다.

아이에게 애착이 중요한 이유는 애착이 곧 생존의 문제이기 때문이다. 사람은 신체적으로 미숙한 존재로 태어나기 때문에 엄마의 도움 없이는 무력할 수밖에 없다. 태어나서 한동안은 누군가 먹여주고 챙겨주지 않으면 살아남을 수가 없다. 비단 사람뿐이 아니다. 그건 동물도 마찬가지다. 병아리가 엄마 닭을 미친 듯이 쫓아다니고, 강아지가 눈을 뜨기도 전에 엄마 품에 파고드는 것도 모두 생존하기 위해서다.

여기에 덧붙여 인간은 신체적인 부분뿐 아니라 정서적으로도 최적의 상태를 유지하고 성장해나가기 위해 누군가의 도움을 절실히 필요로 한다. 불안하고 무서울 때 아이는 자신에게 안정감을 주는 사람과 함께 있고자 하는데, 이러한 욕구가 바로 애착이다. 한마디로 정의하자면 애착이란 아기와 양육자 간의 정서적 유대감인 것이다.

과거에는 제때 먹여주고 재워주는 등 아이의 기본적인 욕구만 해결해주면 생존에 아무런 문제가 생기지 않는다고 생각했다. 생존에 절대적으로 필요한 기본적인 요소만 충족되면 만사 오케이라고 생각했다. 그러나 심리학이 발달하면서 그 생각이 얼마나 무지한 것이었는지 차츰 밝혀지기 시작했다.

## 🌱 정서적 유대감이 아이를 살린다

애착이론의 창시자, 존 보울비(John Bowlby)는 제2차 세계대전 이후 영국에서 고아원을 맡아 운영한 적이 있었다. 그 고아원은 영양 공급 등이 기본적으로 잘 제공되는 시설이 좋은 곳이었다. 그런데 이상한 일이 일어났다. 아이들이 너무나 많이 죽었던 것이다. 왜 그랬을까? 기본적인 신체적 돌봄을 부족함 없이 모두 제공해주는데 무엇이 잘못된 것일까?

또한 살아남은 아이들도 타인과 친밀하고 지속적인 관계를 형성하지 못하는 등 여러 가지 정서장애를 보였다. 이 일을 통해 보울비는 아이들은 그냥 먹여주고 입혀주는 것만으로는 생존할 수 없다는 것, 돌봐주는 사람과의 정서적 유대감이 아이들을 생존하게 해준다는 것을 깨달았다.

TIP

**존 보울비 (John Bowlby, 1907년~1990년)**
1907년 영국에서 태어난 심리학자로 아이와 엄마 간의 애착관계이론의 토대를 만들었다. 케임브리지대학 트리니티칼리지에서 심리학을 공부했고, 이후 런던의 유니버시티칼리지병원과 정신분석연구소에서 수학했으며, 모슬리병원에서 성인 정신의학 훈련을 받았다. 부적응 아동에 지속적인 관심을 가졌던 그는 이후에는 런던의 아동돌봄병원(Child Guidance Clinic)에서 아이들을 돌보며 관찰했고 자신의 관찰 자료를 바탕으로 1950년대 후반에 인간의 발달 과정에서 애착 경험이 매우 중요하다는 이론을 전개하였다.

사람은 밥만으로 살 수 없다. 특히나 보울비의 관찰은 어린아이들이 1차 양육자의 지속적인 관심과 애정이 없으면 살아갈 수가 없다는 것을 증명한다.

보울비뿐만이 아니다. 미국의 정신분석학자 르네 스피츠(Rene Spitz) 역시 1946년에 전쟁고아 수용시설을 관찰한 후 '생후 첫 몇 개월 동안의 중요한 변화의 시기에 모성 결핍을 겪을 경우 아기에게 치명적인 결과가 생긴다'는 연구 보고서를 작성하였다. 시간에 맞춰 분유를 먹이고 기저귀도 제때 갈아주었지만 어머니의 살뜰한 보살핌을 받지 못한 아기들은 2개월째부터 체중이 줄며 제대로 잠들지 못했다. 더 나아가 3개월째에는 무표정하고 무기력해지다가 먹을 것을 주어도 받아먹지 않았다. 그 아기들의 80%가 1년 안에 사망했다는 보고는 충격적이기까지 하다.

스피츠는 특히 스킨십의 중요성에 주목하였다. 그는 어린아이가 많이 울거나 잔병치례를 많이 하는 가장 큰 이유를 '피부 접촉 결핍'에서 찾았다. 그는 전쟁고아 수용시설에서 충분한 영양을 공급받았음에도 사망하는 아이들에게 '마라스므스(Marasumus)'라는 병명으로 진단을 했는데, 그때는 그 역시도 아이들이 사망하는 정확한 원인을 몰랐던 때였다. 마라스므스는 희랍어로 '명확한 의학상의 이유 없이 시들다'라는 뜻이다. 마치 물을 주지 않은 나무가 시들듯, 햇빛을 보지 못하는 꽃이 점차 생기를 잃어가는 것처럼 아이들은 그렇게 시들시들 죽어갔다.

그가 아이들의 사망 원인을 정확히 알게 된 것은 멕시코에서 휴양을 즐기던 때였다. 휴양지 근교에는 고아원이 있었는데, 그곳은 미국의 병원에 비해 위생적이지도 않았고 영양 공급 상황도 형편없었다. 그렇지만 그곳의 아이들은 모두 행복해 보였다. 뺨에는 발그레하게 혈색이 돌았고 건강미가 넘쳐흘렀으며, 별로 울지도 않았다. 그 모습에 흥미를 느낀 스피츠는 휴양을 접고 그 고아원에 몇 달간 머물면서 아이들을 관찰했다.

관찰 결과 스피츠는 아이들이 그렇게 건강한 이유가 이웃 마을에 사는 여인들에 있음을 알게 되었다. 이웃 마을의 여인들은 매일 고아원에 찾아와 아이들을 안아주기도 하고 이야기도 들려주고 노래도 불러주었다. 이 경험으로 그는 수천 명에 이르는 아이들의 성장 과정을 관찰한 《생의 첫해(The First Year of Life)》라는 연구서를 발표했다. 그는 거기에 이렇게 적었다.

'접촉을 가진 아이는 건강하게 자랐다. 그러나 늘 유모차에 실린 채 피부 접촉 없이 자란 아이들은 점점 약해졌고 접촉 결핍증 때문에 세포들이 죽어갔다.'

사람은 먹고 마시는 것만으로 살아가는 존재가 아니라 사랑을 먹으면서 살아가는 존재라는 것을 여실히 드러내는 말이다. 특히나 생애 초기에는 부모의 사랑이 곧 생존과 직결된다는 것을 의미하기도 한다. 기본적인 생존뿐 아니라 애착은 아이의 평생에 걸쳐 강력한 영향을 미친다. 아이가 엄마와 애착을 형성했을 때, 아이는 '사랑의 확신'을 갖고 '신뢰감'을 형성하고 이 세상을 믿는다. '내가 엄마를 필요로 하면 엄마는 나에게 사랑을 주는구나'라는 생각이 모르는 것에 대한 불안을 조절하게 하고, 자존감을 향상해준다. 그리고 다른 사람에게 민감하게 반응하며 자신이 받은 것에 대해 베풀 줄도 알게 된다. 즉 애착은 대인관계, 인생관, 나아가 세계관에도 큰 영향을 미치는 것이다.

영국의 정신분석학자이자 대상관계이론의 창시자이고 어린이의 정신 치료에 놀이 치료를 처음으로 도입한 멜라니 클라인(Melanie Klein) 역시 애착이 얼마나 중요한지를 역설한 바 있다. 그녀는 아기와 엄마가 나누는 애착의 감정이 아기를 정신적으로 탄생시키는 영양소이자 동력이라고 주장하였다. 또한 아기가 엄마와 사랑을 잘 나누면 정신적 안정감, 잠재력, 창의성 등이 발견되고 사랑의 대상을 잃거나 사랑이 결핍되면 분노, 시기심, 방어적 태도 등이 생긴다고 설명하였다.

결론적으로 애착은 아이가 태어나서 첫 번째로 맺는 인간관계로, 아이의 생존에 직결되는 문제일 뿐 아니라 이러한 인간관계에서의 경험은 자아상, 타인상, 세상에 대한 상을 결정하는 데 큰 영향을 끼친다.

**애착이 형성되지 않으면 아이의 사회성이 떨어진다**

미국 워싱턴대학 아동감정연구소 세스 폴락(Seth Pallak) 연구팀은 '안정된 애착'과 '호르몬'의 관계에 관한 실험을 했다.

부모가 양육한 아이와 입양아를 상대로 부모와 낯선 여자를 번갈아 접촉시키면서 소변에 포함된 호르몬이 어떻게 변하는지를 살펴보았는데. 부모가 양육한 아이들은 부모와 접촉한 뒤 옥시토신의 양이 증가했지만, 낯선 여자를 접촉했을 때는 전혀 영향이 없었다. 반면 입양아들은 두 상황 모두에서 옥시토신의 양에 변화가 일어나지 않았고 바소프레신도 낮은 수준을 유지했다.

옥시토신은 성 행동이나 사회성에 관여하면서 인간에 대한 신뢰감을 형성하는 데 쓰이는 호르몬이고 바소프레신은 사회적 행동에 개입하는 호르몬이다. 옥시토신 수치가 크게 낮을 경우 사회적 상호작용을 피하는 경향이 있으며 안정된 애착을 갖지 못한 아이는 내성적인 성격을 가질 수 있다고 연구팀은 밝혔다.

## 02
### LESSON

# 내 아이의
# 애착유형은?

어떤 아이는 엄마에게 껌딱지처럼 붙어서 한시도 떨어지지 않으려고 하고, 또 어떤 아이는 잠시만 엄마가 시야에서 벗어나도 자지러지게 운다. 이럴 때 엄마는 아이에게 뭔가 문제가 있는 건 아닌지 걱정스럽기도 하고, 따끔하게 혼을 내줘야 하는 건지 아니면 무조건 달래주어야 하는 건지 혼란스럽기도 할 것이다.

그런가 하면 어떤 아이는 엄마와 잠깐 떨어져도 점잖게 기다릴 줄 알고, 전혀 엄마를 귀찮게 하지 않는다. 엄마들은 이런 아이를 보면 순해서 손을 많이 필요로 하지 않는 착하고 얌전한 아이라고 생각하기 쉽다. 그런데 정말 그런 것일까? 이 아이에게는 아무런 문제도 없는 것일까?

아이들이 같은 상황에서도 이렇게 다른 반응을 보이는 것은 엄마와 어떤 식으로 애착을 형성했느냐에 달려 있다. 그렇다면 내 아이는 제대로 애착을 형성하고 있는 걸까? 어떤 유형의 애착을 형성하고 있을까?

애착유형을 알아보는 유명한 실험이 있다. 이 실험의 결과를 보고 내 아이는 어떤지 살펴보도록 하자.

····▶ **낯선 상황 실험**

15개월 전후의 영아가 엄마와의 분리, 재결합, 낯선 사람의 출현에 대하여 나타내는 행동들을 측정하여 영아의 애착을 평가하는 실험이다.

① 엄마가 아이와 함께 장난감이 있는 낯선 공간에 들어간다.

② 친절하지만 처음 보는 사람이 들어온다.

③ 얼마 후 엄마가 아이를 두고 나간다(첫 번째 분리).

④ 엄마가 다시 들어온다(첫 번째 재결합).

⑤ 낯선 사람과 엄마가 다시 나간다(두 번째 분리).

⑥ 낯선 사람이 먼저 들어오고 연이어 엄마가 들어온다(두 번째 재결합).

두 번의 분리와 두 번의 재결합이 있는 실험인데, 엄마와 분리되었을 때 아이의 반응이 어땠고 재결합을 했을 때 어땠는지, 또 처음에 낯선 곳에 들어왔을 때 주변을 얼마나 탐색하는가를 보고 아이의 애착유형을 파악할 수 있다.

## 🌱 반응에 따른 네 가지 애착유형

다양한 아이들의 반응을 관찰한 후 연구자들이 분류를 해본 결과 처음에는 크게 두 가지 유형이 나왔다. '안정 애착'과 '불안정 애착'이 바로 그것이다. 불안정 애착은 다시 회피형과 양가저항형 애착으로 나뉜다. 그리고 이 모든 것에 해당되지 않는 유형이 덧붙여져 총 네 가지의 유형으로 나눌 수 있다. 즉 분리되었을 때는 회피형 애착유형을 보이다가 재결합했을 때는 안정형이나 양가저항형 애착유형을 보이는 등 일관된 반응을 보이지 않는 유형을 혼동형이라고 부른다.

### 1. 안정형 애착

그럼 우선 첫 번째로 모든 엄마들이 꿈꾸는 안정 애착에 대해 알아보자. 이 유형의 특징은 부모를 믿는다는 데 있다. 그래서 엄마가 옆에 있으면 장난감을 자유롭게 탐색하고 살펴본다. 낯선 사람이 들어와도 처음에는 '누구지?' 하며 의아해하다가도 곧 '엄마가 이상한 사람을 데리고 오지는 않았을 거야. 난 엄마를 믿으니까' 하면서 같이 놀기도 하고 별로 신경을 쓰지 않고 자기 놀이를 한다. 그런데 막상 엄마가 밖으로 나가면 안정형 애착유형의 아이들도 당황스럽기는 마찬가지다. 안정형이라고 해서 모든 상황에서 아이가 울지 않고 안정적인 감정 상태를 보인다는 의미는 아니라는 것을 확실하게 알아두어야 한다. 아이는 '엄마가 왜 나를 두고 나가지?' 하는 불안함을 느끼고 엄마와의 분리를 견디지 못해 울음을 터뜨린다.

어떤 아이는 그 울음이 오래가기도 하고, 또 어떤 아이는 그 공간에 남은 낯선 사람이 좀 보살펴주면 '그래, 엄마는 곧 돌아오실 거야' 하며 곧 울음을 그치고 놀기도 한다. 안정형 애착유형의 아이는 엄마와 분리된 후에도 비교적 능동적으로 다른 위안거리를 찾고 안정감을 유지하는 편이다.

이때 중요한 것은 바로 재결합 반응이다. 그 반응의 차이에 따라 유형이 갈린다. 엄마가 들어왔을 때 안정형 애착유형의 아이는 반가워하며 엄마에게 다가가고 '나를 두고 어딜 갔다 왔어' 하면서 약간 칭얼거리기도 한다. 하지만 엄마가 안아주면 금세 기분이 편안해지며 다시 탐색활동을 한다. 이는 엄마가 늘 자기 곁에 있으며, 필요하면 언제든지 온다는 것을 알기 때문이다.

**엄마와 떨어질 때 운다고 해서 불안정한 것은 아니다!**
엄마가 시야에서 사라졌을 때 불안한 마음이 드는 것은 당연하다. 엄마와 떨어질 때 울며 힘들어한다고 해도 애착이 불안정해서 그런 것은 아니다. 애착유형은 떨어졌을 때보다는 재결합했을 때의 반응으로 결정된다. 엄마가 돌아오면 반가워하고 금세 기분이 좋아진다면 안정형에 해당한다.

### 2. 회피형 애착

두 번째는 불안정 회피형 애착이다. 이 유형의 아이들은 낯선 곳에 가도 마치 제집에 온 것처럼 하나도 스스럼이 없다. 장난감도 거리낌 없이 가지고 논다. 엄마들은 활발하고 어딜 가도 적응을 잘한다고 이런 아이를 좋아하기 마련이다. 그런데 여기에 함정이 있다.

이 유형의 아이들은 낯선 사람을 더 좋아하는 것처럼 보일 정도로 엄마가 곁에 있어도 낯선 사람에게 가서 뭘 묻기도 하고, 무릎에 앉기도 한다. 이런 경우는 매우 위험하기 때문에 바로잡을 필요가 있다. 낯선 사람이 나쁜 의도를 가지고 접근하는 경우 큰 사고로 이어질 수도 있기 때문이다.

또 이 유형의 아이는 실험 중 낯선 사람에게 눈길 한번 주지 않고 그냥 혼자 노는 데에 몰두하기도 한다. 엄마가 나가도 잠깐 돌아보거나 아예 신경도 안 쓰고 계속 제 할 일을 한다. 엄마가 들어와도 마찬가지다. 들어오든 말든 아무 상관없다는 태도다. 이것이 바로 회피형의 가장 주된 반응이다. 애착 대상을 회피하는 타입인 것이다.

이 실험은 대부분 0세에서 3세 사이, 그중에서도 15개월 전후에 많이 실시하는데 이때는 아직 낯가림이 완전히 극복되지 않은 시기이다. 그런 상황에서 낯선 사람에 대한 경계가 부족하다는 것은 매우 위험할 수 있다. 동물들도 엄마에게 딱 붙어 있지 않으면 저기에 있는 하이에나가 잡아챌 수 있다는 것을 느끼기 때문에 엄마를 죽기 살기로 따라다니는데, 회피형 애착유형의 아이에게서는 양육자에게 가까이 다가가려는 애착 행동이 거의 발견되지 않는다.

### 3. 양가저항형 애착

세 번째는 불안정 양가저항형 애착이다. 이 유형의 아이들은 우리 주변에서 쉽게 찾아볼 수 있다. 지하철이나 마트 등등에서 종종 볼 수 있는 일명 '징징이들'이 이에 속한다. 엄마가 화장실 좀 간다고 옆에 있는 누구한테 잠시 맡겨놓으면 마치 자기를 두고 사라질 것처럼 울고불고, 조금이라도 떨어질라치면 막 달라붙는 아이들이다. 이 유형의 아이들은 낯선 곳에 들어갈 때 처음부터 엄마에게 달라붙는다.

"여기 싫어, 집에 가자" 하며 떼를 쓰고 엄마가 "여기 장난감이 있네" 하며 달래려고 해도 장난감은 거들떠보지도 않는다. 오로지 엄마에게만 붙어 있어야 직성이 풀린다. 그런데 그런 엄마가 나가면? 한마디로 난리가 난다. 문 앞에서 하염없이 울고, 낯선 사람이 달래주려 해도 막 밀어제친다. 그때 엄마가 들어온다면? 대부분은 반가워하며 엄마한테 달려가고 품에 안겨서 칭얼거리고 투정도 부리는 모습을 상상할 것이다. 그러나 양가저항형은 이러한 예상을 완전히 벗어난다. 위 예상은 안정형 애착유형에서 볼 수 있는 모습이다. 양가저항형은 안정형과는 극명한 차이를 보인다.

엄마를 그토록 찾아놓고, 엄마가 안아주고 달래주려고 해도 밀어내는 것이다. 심지어 엄마를 때리기도 한다. 이 유형의 아이는 굉장히 오랫동안 울고 보채고 쉽게 달래지지 않는다. 자기가 원할 때 오지 않았다는 뜻이다. 양가저항형의 아이는 떨어지면 집착이라고 할 정도로 엄마를 원하고 갈망하지만, 막상 그때 엄마가 오지 않으면 미움과 원망의 감정을 더 많이 느낀다. 그래서 엄마를 원하면서도 밀어내는 행동을 보인다. 이렇게 모순된 행동을 보이기 때문에 이를 양가저항형이라고 부르는 것이다.

이 아이들은 엄마가 한 번 나갔다 왔기 때문에 혹시나 또 자기만 놔두고 나가지 않을까 싶어 의심의 눈초리로 엄마를 바라본다. '나만 두고 엄마가 사라지면 어떻게 하지?' 하는 마음에 불안해한다. 그래서 껌딱지처럼 엄마한테 달라붙어서 도통 떨어지려고 하지 않는다. 그렇기 때문에 두 번째 분리에서는 더 힘든 과정을 겪을 수밖에 없다.

## 4. 혼동형 애착

마지막으로 혼동형 애착에 대해 알아보자. 혼동형 애착을 보이는 아이들은 처음에는 안정형 애착의 아이들처럼 편안해 보이기도 한다. 그런데 재결합 반응에서 매우 독특한 반응을 보인다. 엄마가 밖으로 나가면 엄마를 찾으러 간다. 문 앞에서 엄마를 찾고 보채다가도 얼마 후 엄마가 문을 탁 열고 들어오면, 그 자리에 얼어붙는다. 그리고 뒤돌아서 자기가 있던 자리로 돌아간다. 그래서 이러한 아이들을 리틀 큐트 댄서(little cute dancer)라고 부르기도 한다. 마치 작은 무용수처럼 한 바퀴 휙 돌아서 가는 모양새 때문에 붙은 명칭이다.

**애착유형의 네 가지 종류**

| 안정형 | | 엄마와 떨어지는 상황이 되면 울기도 하고 불안해하지만 다시 엄마를 만나면 안정을 되찾는다. |
|---|---|---|
| 불안정형 | 회피형 | 엄마와 떨어지는 상황이 되어도 울지 않는다. 다시 만났을 때도 엄마를 피하고 못 본 척한다. 낯선 사람을 잘 따르기 때문에 위험할 수 있다. |
| | 양가 저항형 | 엄마와 떨어지기 선부터 지나치게 경계하고 떨어질 때에도 격렬하게 저항한다. 엄마가 돌아와 달래려고 해도 쉽게 진정이 안 되며, 엄마를 밀어낸다. 다시 재결합이 되었을 때는 절대 떨어지지 않으려 한다. |
| 혼동형 | | 엄마를 다시 만났을 때 어리둥절해하는 행동을 보이고, 얼어붙은 자세로 있기도 한다. |

## ♥♥ 양육태도가 애착유형을 결정한다

아이들은 왜 각기 다른 반응을 보이는 것일까? 어떤 아이는 안정형 애착유형을 보이는데, 왜 어떤 아이는 불안정한 것일까? 이는 모두 부모의 양육태도와 깊은 연관이 있다.

일단 따뜻하고 일관성 있게 아이를 대하면 아이에게 신뢰감을 얻을 수 있다. 아이가 필요로 할 때 항상 옆에 있어주고, 아이를 따뜻하게 안아주고, 울면 곧바로 뛰어와 무엇이 부족한지 살펴주었다면 아이는 부모를 신뢰하게 된다. 잠깐 자리를 비워도 '엄마는 나를 사랑하니까 금방 나에게 돌아올 거야'라고 믿고, 심지어 엄마가 혼을 내도 '지금은 혼을 내지만 엄마가 나를 사랑하지 않는 것은 아니야. 금방 나에게 다시 웃어주실 거야'라고 기대한다. 이렇게 아이가 부모를 신뢰하면 이 아이는 안정형 애착을 형성한다. 지극히 당연한 이야기다.

그렇다면 회피형 애착유형의 아이 엄마는 어떤 양육태도를 가지고 있을까? 이 엄마들은 아이가 울어도 별로 반응을 하지 않는다. 아이가 보채도 그냥 그런가 보다 하면서 무시하는 경향이 많다. 혹은 반대로 엄청난 과잉보호를 할 경우 아이가 지겨워하며 회피하는 유형이 될 수도 있다.

양가저항형의 아이 엄마들은 마음이 따뜻하기는 한데, 일관성이 없는 경우가 많다. 자신이 어떤 일에 몰입해 있어서 정신이 없으면 아이를 잘 안 돌보다가 본인의 기분이 좋으면 아이를 예뻐해주는 등 오락가락해서 일관성이 없다. 양가저항형 아이들은 부모가 자신에게 좋은 사람이라는 것을 알기 때문에 그토록 매달린다. 하지만 자기가 보채지 않으면 먼저 잘 안 돌봐주기 때문에 달라붙어서 자신을 좀 봐달라고 하는 것이다.

혼동형은 엄마 자신에게 해결되지 않은 갈등이 너무 많아서 나오는 유형이다. 부모의 이혼으로 어린 시절에 제대로 된 양육을 받지 못했다거나, 혹은 어릴 때 부모를 잃었다거나, 어떤 트라우마가 있는 경우다. 이런 엄마들은 잘해주다가도 어느 순간에 아이에게 버럭 화를 내기 때문에 아이가 겁을 먹게 된다. 그렇기 때문에 아이는 엄마에게 가까이 가려다가도 '엄마가 갑자기 화를 내면 어떻게 하지?' 하면서 뒤돌아서는 패턴을 보이는 것이다. 냉담하거나 엄격한 엄마, 무기력하거나 억압당한 엄마, 늘 병석에 누워 있는 엄마, 꿈을 좌절당하거나 우울한 엄마는 아이의 마음에 공감하고 아이의 정서에 적극적으로 반응해줄 수 없다. 그런 엄마를 둔 아이는 정신적으로 치명상을 입는다. 엄마 자신에게도 여러 가지 어려움과 곤란함이 많겠지만, 해결되지 않은 자신의 문제 때문에 아이까지 고통스러운 인생을 살아갈 수 있다는 것을 각성하고 스스로를 북돋고 기운을 내야 한다. 혼자서 해결하기 어렵다면 남편을 비롯한 주변 사람들에게 적극적으로 도움을 요청해야 한다.

### ♥) 양육태도와 애착유형의 관계

| 양육태도 | 아이의 애착유형 |
|---|---|
| 따뜻하고 일관성이 있다 | 안정형 |
| 무시, 무반응, 매우 무서움, 처벌적 | 회피형 |
| 오락가락, 일관성 결여 | 양가저항형 |
| 이혼, 사고, 재난, 고아(조실부모), 우울로 인한 순간적 분노 | 혼동형 |

양육태도는 이처럼 아이에게 엄청나게 큰 영향을 미친다. 양육자가 따뜻하고 일관된 태도로 아이를 대할 때 안정적인 애착을 형성할 수 있으며, 마음이 건강한 아이로 키울 수 있다는 것을 명심해야 할 것이다.

## 03
### LESSON

# 불안정 애착유형은
# 서로에게 끌린다

한 아이가 놀이방에서 또래 아이들과 어울리지 않고 혼자서 책을 보고 있다. 엄마들은 아이를 보며 얌전하고 착하고 어른스럽다며 칭찬을 한다. 그때 다른 아이가 다가와 함께 놀자고 손을 내민다. 그러나 아이는 함께 노는 것보다 책 보는 것이 더 좋다며 거절한다.

위 사례는 회피형 애착유형의 아이가 성장해서 또래들과 어울릴 때 어떤 태도를 보이는지를 보여준다. 아이는 친구들에게 마음을 주지 않아서 점점 더 외로워질 수밖에 없다.

아이는 부모님에게 늘 무시를 당했기 때문에 타인에게도 별다른 기대감이 없다. 또 남을 위해 무언가를 해줘야겠다는 욕구도 느끼지 못한다. 이는 아이가 성장해서도 타인과 제대로 된 관계를 맺지 못하고 외톨이로 지내게 될 가능성이 많음을 시사한다.

블록 쌓기를 하고 있는 한 아이, 친구가 지나가다가 블록을 넘어뜨리자 불같이 화를 낸다. 친구가 미안하다고 사과를 해도 막무가내다.

"너 일부러 그런 거지! 내가 만든 게 너무 멋지니까 샘이 나서 일부러 그런 거잖아!"

억지도 이런 억지가 없다. 미안하다고 실수라고 해도 화는 가라앉지 않는다. 다른 아이가 중재를 해보지만 아무런 소용이 없다.

"친구끼리 실수한 것 가지고 뭘 그러나?"

"뭐? 너 지금 얘 편드는 거야? 그리고 너 아까부터 왜 비웃어? 나 비웃는 거야?"

아이는 자기 분에 못 이겨 엉뚱한 데다 화를 쏟아낸다.

이 두 번째 사례는 양가저항형 애착유형의 아이가 또래 집단에서 어떻게 행동하는지를 보여준다. 이 유형의 아이들은 툭하면 성질을 부리고, 변덕스러우며 다른 사람을 믿지 못한다. 이 아이는 커서도 다른 사람의 마음을 있는 그대로 받아들이지 못하고 의심하게 될 가능성이 크다. 부모로부터 일관되지 않은 양육을 받은 까닭이다.

애착유형은 만 3세 이전에 형성이 되고, 평생토록 영향을 미친다. 위 예처럼 또래 집단을 형성할 때뿐 아니라 성인이 되어서도 마찬가지다.

## 구속하는 아내와 회피하는 남편

회피형 애착유형의 남자와 양가저항형 애착유형의 여자가 만났을 때 어떤 일이 벌어질까? 그 둘은 서로에게 끌린다. 자신의 부족한 점을 무의식적으로 상대방에게서 발견하기 때문이다. 자신이 생애 초기에 엄마와의 관계에서 결핍되었던 것을 상대방이 채워줄 수 있을 것으로 착각하기 때문이다. 이렇게 불안정 애착유형은 불안정 애착유형과 만나기 쉽다. 그렇다면 불안정 애착유형의 사람들이 만나 결혼을 하면 어떤 일이 벌어질까? 한번 상상해보자.

양가저항형 애착유형의 아내는 불안하고 초조한 마음에 남편을 구속하려 하고, 회피형 애착유형의 남편은 그런 아내를 피곤해하고 혼자 있는 시간을 갖고 싶어한다. 밤늦게 귀가하는 남편과 기다리다 지친 아내의 대화를 한번 상상해보자.

"당신 왜 이제 와?"

"회식이라고 했잖아. 열 시면 엄청 빨리 온 거야."

"그런데 전화는 왜 안 받아?"

"안 받아도 뻔하지, 뭐. 만날 그놈의 사랑 타령, 문자만 40개라니 너도 참 대단하다."

"어떻게 그런 말을 해? 당신 날 사랑하지 않는구나."

"나 좀 피곤하거든?"

"오늘 얘기 좀 해."

"나 진짜 요즘 회사에서 정말 피곤해. 나중에 하자, 나중에."

"나한테 얘기하면 내가 들어줄 수 있잖아."

"제발 날 좀 가만히 내버려둬. 나도 좀 혼자서 쉬고 싶다."


남자는 구속하는 아내로부터 도망치고 싶어하고, 여자는 사랑받지 못한다는 비참함에 외로워한다. 마치 도망자와 추격자 같은 두 사람은 함께 있어도 불행할 수밖에 없다.

애착이 평생을 좌우한다는 말은 과장이 아니다. 어린 시절 친구관계에서 배우자의 선택, 그리고 결혼생활까지 쭉 이어지기 때문이다.


### 불안정 애착유형끼리 끌리는 이유

그렇다면 왜 불안정 애착유형의 사람들은 서로에게 끌리는 것일까? 사람에게는 자신의 애착체계를 활성화하고 확인하고 싶은 욕구가 있기 때문이다.

사람은 누구나 보다 나은 삶을 추구하려는 본능을 타고난다. 과거에 불안정 애착을 형성한 사람이 더 나은 삶을 살기 위해서는 이 문제를 해결해야 하는데, 자기 부모의 모습과 비슷한 모습을 보이는 사람이나 정반대의 모습을 보이는 사람 등 불안정 애착을 가진 사람을 선택함으로써 이를 치유하려고 하는 것이다.

문제는 사람들은 전문가가 아니라는 데 있다. 사람들은 자기 마음을 잘 모르고 표현하는 방식에도 문제가 많을 수밖에 없다. 회피형 애착유형의 사람들은 첫인상이 굉장히 무덤덤한데, 양가저항형 애착유형의 사람에게 이는 굉장히 안정감 있는 모습으로 다가온다. 자신의 엄마는 이랬다저랬다 뜨거웠다 차가웠다 변덕이 죽 끓듯 해서 힘들었는데, 이 사람은 굉장히 침착해 보이기 때문에 마음이 끌린다. '저 사람이라면 나에게 안정적으로 애정을 주지 않을까, 이 사람과의 관계를 통해 과거의 상처를 극복할 수 있지 않을까'라고 생각하는 것이다.

그리고 사랑이라는 속성에도 함정이 도사리고 있다. 로맨틱한 사랑의 기간에는 부정적인 모습이 잘 보이지 않기 때문이다. 흔히 첫눈에 반하는 사랑을 조심하라고 말하는데 그 말의 속뜻 역시 불안정 애착유형의 사람들이 서로에게 끌리는 것을 경계하라는 의미로 볼 수 있다. 회피형 애착유형의 남자가 약간 부정적이고 무심한 모습을 보여도 콩깍지가 씌이면 눈에 잘 보이지 않는다. 로맨틱한 사랑이 끝나고 난 뒤 세 모습이 보이면서 갈등이 시작된다.

## 불안정 애착유형 부부의 삶 들여다보기

불안정 애착유형의 사람들이 부부가 되면 여러 가지 문제가 생길 수 있다.

위의 예 이외에도 다양한 유형의 부부가 생길 수 있는데 '혹시 우리 역시 불안정 애착유형의 부부는 아닐까' 싶다면 한번 체크해보기 바란다.

### 1. 회피하는 자 vs. 매달리는 자

매달리는 자는 "당신은 결코 나를 위해 거기 있어주지 않았어요" 혹은 "당신은 출장 가서 한 번도 내게 전화를 한 적이 없어요. 말로는 전화하겠다고 해놓고 정말 그렇게 한 적은 단 한 번도 없었다고요"라고 자주 말한다.

매달리는 자는 늘 애정에 목말라하지만 회피하는 자는 매번 이런 불평을 들으며 점점 더 멀어져만 간다.

### 2. 도망가는 자 vs. 쫓는 자

도망가는 자는 "나는 나만의 공간이 필요해요. 더 많은 자유를 원해요. 당신은 나에게 너무 많은 것을 요구한다고요"라고 말한다. 그리고 쫓아가는 자는 "우리는 결혼했고 당신은 더 많은 시간을 나와 함께 보내야 한다고 생각해요. 당신은 내게 충분한 관심을 주지 않아요"라고 말한다.

한쪽은 더 많은 애정과 관심을 원하고 한쪽은 더 많은 자유를 원하니 평안할 날이 없는 것은 당연하다.

### 3. 엄격한 자 vs. 흩어진 자

엄격한 자는 자신이 어떻게 해야 하는지에 대해 명확한 확신을 가지고 있을 뿐만 아니라 자신의 배우자가 어떻게 해야 하는지에 대해서도 아주 확고한 신넘을 가지고 있다. 그래서 "돈 관리를 더 잘하면 되지 않겠어요?", "당신 이렇게 좀 살면 안 되겠어요?", "당신이 하는 건 다 엉망이에요"라는 말을 하곤 한다.

반면 흩어진 자는 '이 사람과 함께 있으려면 아무런 문제도 일으키지 말자. 그렇지만 그렇게 하면 내가 원하는 것을 가질 희망은 아예 없겠구나'라는 생각을 하면서 점점 익숙해져간다. 그러다가 어느 한순간 엄격한 사람에게 "당신은 당신 생각밖에 못해요. 당신은 당신이 원하는 것을 무엇이든 갖지만 나는 아니에요. 당신은 당신이 원하는 것밖에 몰라요. 나는 상관없다는 거죠. 당신은 당신 말고는 아무것도 몰라요"라고 감정을 폭발시킨다. 이 반응은 엄격한 사람에게 수치심을 주기 때문에 더욱 엄격해지는 역효과를 낸다.

이 두 사람은 서로를 답답해하고 못 견뎌하면서 지낼 수밖에 없다.

### 4. 경쟁자 vs. 수동적 타협자

경쟁자가 "오늘 뭐 하고 싶어요?"라고 물으면 타협자는 "뭐든 당신이 좋은 거면 다 괜찮아요"라고 대답한다. 테니스를 치는 상황을 가정하면, 경쟁자는 계속해서 상대방에게 충고를 한다. 경쟁자는 논쟁에서 이길 때까지 절대 포기하지 않고, 타협자는 지쳐서 먼저 항복을 한다.

이러한 관계 역시 한쪽은 늘 이기려고만 하고, 한쪽은 늘 양보하며 앙금이 쌓이기 때문에 건강한 관계를 맺기가 매우 어렵다.

이러한 불안정 애착유형의 부부들을 주변에서 찾아보기란 그리 어렵지 않다. 많은 사람이 불안정 애착으로 인해 고통받고 있다는 증거이기도 하다. 더 심각한 것은 애착유형은 한번 형성되면 되돌리기가 무척 어렵다는 데 있다. 또한 양육자의 태도가 아이의 애착유형을 결정하기 때문에 애착유형이 대물림될 가능성도 다분하다.

또한 최근에는 부모와의 애착관계가 불안정하면 청소년기에 들어 알코올이나 흡연과 같은 물질중독 또는 인터넷중독에 쉽게 빠진다는 조사 결과도 나왔다. 성인이 된 이후에도 불안정한 애착관계는 많은 문제를 일으키지만, 한창 자신의 목표를 설정하고 꿈을 향해 나아가야 하는 청소년기에 좋지 않은 중독에 빠진다는 것은 심각한 문제이다.

〈대한신경정신의학회〉에 실린 연구 결과에 따르면 안정된 애착관계가 형성된 청소년들은 의존도와 친밀도가 높고 불안도는 낮다. 즉 타인과 가까워지는 데 불안이 없고 쉽게 친밀감을 느끼며 타인에게 의지할 때도 편안해한다는 것이다. 혹시나 사랑받지 못할까 봐, 혹은 버림받을까 봐 걱정하지도 않는다.

하지만 불안정한 애착관계를 형성한 아이들은 타인과 가까워지는 것을 불편해하고 사랑받지 못하거나 버림받는 상황을 생각하며 지레 걱정을 한다. 이런 경우 의존도와 친밀도가 낮고 불안도가 높게 나타난다.

안정적 애착은 무엇보다 소중한 인생의 자산이고, 불안정 애착은 인생을 고달프게 하는 장애물이 되어 평생을 따라다닌다. 부모 스스로 어떠한 애착유형이고 또 아이를 어떻게 대하고 있는지를 자각하고, 아이가 안정적 애착을 형성하고 있는지 끊임없이 살펴야 하는 이유가 여기에 있다.

# 04
## LESSON

# 애착이 나, 상대방,
# 세상을 보는 눈을 결정한다

이쯤 되면 애착이 어떻게 평생을 좌우하는지 확실히 알게 되었을 것이다. 그 내부에는 '내적 작동 모델'이라는 것이 작용하고 있다. 이는 만 3세, 늦어도 5세가 되면 아이들이 자신들이 경험한 것을 토대로 만드는 일종의 틀을 의미한다. 자신을 움직이도록 만드는 하나의 모델이 내부에 자리 잡는다는 뜻이다. 이 모델이 작동하면 평생 그에 따라 살아가는데, 이 모델에는 기본적으로 세 가지 질문이 들어 있다.

첫 번째는 '나는 누구인가' 하는 자아상이다. 그리고 두 번째는 '상대는 누구인가' 하는 인간상이다. 그리고 세 번째는 '세상은 어떠한가' 하는 일종의 세계관이다.

**내적 작동 모델**
자기와 타인에 대해 영아가 형성한 정신적 표상으로 애착 대상과 상호작용을 통하여 형성된다.

**부정적 내적 작동 모델**
상대의 행동을 비꼬아 생각해 갈등을 자주 겪게 된다.

긍정적 내적 작동 모델이 형성되면 아이는 자신과 상대방, 세상을 신뢰하는 반면 부정적 내적 작동 모델이 형성되면 자신과 상대방, 세상을 믿지 못하고 비꼬아 생각하는 경향을 갖게 된다.

## 나이가 들수록 정교하고 단단해진다

엄마가 아이를 부드럽게 대해주고, 잘 놀아주고, 사랑으로 보살피면 아이는 '나는 소중한 사람이다, 나는 중요하고 특별한 사람이다'라고 생각한다. 그리고 엄마에 대해서는 '나를 돌봐주고 사랑해주는 따뜻한 사람'이라고 생각한다. 그렇기 때문에 세상은 살 만한 곳이다.

부모로부터 '일관되고 충분한 사랑'을 받은 아이는 자기 자신에 대해 자신감이 있고, 타인을 신뢰하며, 세상을 긍정적으로 바라본다. 아이가 아무리 적개심이나 분노를 표현해도 부모의 사랑이 지속된다면 아이의 마음속에 안정감이 생기고 그것을 바탕으로 자신감과 자발성이 발현되는 것이다.

그런데 아이가 울 때 제대로 보살펴주지 않고, '쟤는 왜 별것도 아닌 걸 가지고 울고 난리야?' 한다면 그 아이는 자신에 대해 어떻게 생각할까? '나는 중요하지 않은 사람이야, 나는 사랑받을 만한 가치가 없나 봐'라고 생각할 수밖에 없다. 저절로 자존감이 낮아진다. 또한 엄마에 대해서도 '엄마는 만날 정신이 없어. 나한테는 신경도 쓰지 않아'라고 생각하고, '세상은 냉정해, 아무도 날 돌봐주지 않을 거야. 그러니까 나 혼자 살아야 돼'와 같은 개념을 갖게 된다.

이렇게 한번 내적 작동 모델이 형성되면 사람은 거기에 맞춰서 살아간다. 똑같이 누군가 자신을 보고 웃는 상황을 생각해보자. 긍정적 내적 작동 모델을 가진 사람은 '내가 좋아서 웃는구나' 하고 상대방이 자신에게 우호적인 감정을 가지고 있다고 생각한다. 그러나 부정적 내적 작동 모델을 가진 사람은 '비웃어? 당신 뭐야?'라며 갈등을 빚기 십상이다.

보울비는 이렇게 말했다. '한번 형성된 내적 작동 모델은 웬만해서는 변하지 않는다. 나이가 들면서 더 정교하고 단단해지는 경향이 있다.' 무서운 이야기가 아닐 수 없다.

많은 부부가 맞벌이를 하는 상황에서 사실 아이에게 온 신경을 집중하며 살기란 쉽지 않다. 육아휴직을 한다고 해도 길어야 고작 1년이고, 직장생활이라는 것이 그렇게 녹록하지도 않기 때문이다. 그렇지만 생에 초기 3년이 아이의 평생을 좌우한다는 것을 명심하면 일을 하면서도 조금 더 아이에게 신경을 쓰면서 생활할 수 있지 않을까? 일이 바쁘고 피곤해도 무심하게 넘기거나 짜증을 내기 전에 한 번 더 생각을 해보자. 이 순간이 우리 아이의 내적 작동 모델을 어떻게 형성시킬지 말이다.

## ❤️ 미취학 아동의 애착유형

아이들은 세 돌이 넘으면 몸도 마음도 훨씬 커지고 세분화된다. 애착 행동도 마찬가지다. 만 3세까지 형성된 애착은 이 시기에 보다 세분화되고 정교화되어 나타난다.

### 1. 안정형 애착-안정형

안정형 애착유형의 아이들은 미취학 아동 연령이 되어도 여전히 안정형의 유형을 보인다. 그와 동시에 유형이 조금 세분화되는데, 첫 번째는 얌전하고 조용한 타입이다. 그리고 두 번째는 가장 바람직한 유형으로 자연스럽고 편안한 타입이다. 마지막으로 세 번째는 자극에 바로바로 반응을 하고 감정표현도 많이 하는 타입이다. 이 세 가지 유형이 모두 안정형에서 세분화된 것으로 볼 수 있다.

### 2. 회피형 애착-방어형

회피형에서 발달을 하면 방어형으로 성장한다. 첫 번째는 굉장히 억제하는 타입이다. 혼자서 그냥 가만히 구석에 있거나 말을 하지 않고 가만히 있는 활동을 선호한다.

두 번째는 굉장히 의외인데 지나칠 정도로 어른 말을 잘 듣는 아이들이다. 이 아이들은 부모의 말을 잘 듣고 강박적으로 다른 사람을 돌본다. 엄마가 피곤해 보이면 "엄마, 피곤해? 방에 가서 좀 누워요"라며 챙겨준다. 그렇지만 이 행동은 엄마를 생각해서 그런 것이 아니다. '우리 엄마가 짜증나면 또 나한테 분풀이

할 거 아니야. 그러니까 빨리 방에 들여보내야지'라는 생각에서 나온 행동이다. 이 아이들은 아빠가 뭘 찾으면 "아빠, 리모컨? 재떨이?" 하면서 미리 나서서 필요한 것을 챙겨준다. 야단을 맞지 않으려고 돌봐주는 강박적 순응 타입이다.

이 아이들은 부모님이나 어른들이 싫은 소리를 해도 싫은 표정 하나 안 짓고 무조건 '네, 네' 하고 대답한다. 어른들의 말은 무척 잘 듣지만 속을 알 수 없는 아이로 성장하기 쉽고, 누구와도 친밀한 관계를 맺지 않으려고 한다.

어색해 보일 정도로 잘 웃고, 무조건 '네'라는 대답만 하고, 자발적으로 뭔가를 하려는 시도가 없고 밝은 모습만 보여주려는 아이들도 방어형에 속한다.

### 3. 양가저항형―강압형

양가저항형 애착유형의 아이는 미취학 아동 시기에 강압형으로 변화한다. 강압형도 여러 가지로 세분화된다.

첫 번째는 위협적인 타입이다. 이 아이들은 대놓고 사람을 공격한다. 매사에 반항적이고 때리고 던지는 것은 기본이다.

두 번째는 내숭형이다. 애교를 부리며 "나 저거 해줘" 하는 아이들이 여기에 속한다. 일단은 귀엽기 때문에 어른들은 야단을 치려고 하다가도 아이의 요구대로 다 해주고 만다. 내숭형 아이들은 그런 식으로 부모를 자기 옆에 붙잡아두려고 한다.

세 번째는 처벌형이다. 밖에 나갔을 때 엄마를 민망하게 만드는 아이들이 이에 속한다. 엄마가 좀 잘해주면 "엄마, 왜 그래? 집에서는 안 그러잖아"라면서 엄마에게 면박을 주거나 무안하게 하는 경우다. 이런 식으로 자신의 분노를 전달하는 것이다.

　마지막으로 가장 나쁜 형태는 무기력한 타입이다. 엄마가 내 말을 안 들어 줬으니 나도 못하겠다는 아이들이 이에 속한다. "너 방 치워"라고 말하면 "난 그런 거 못해, 난 바보야" 하면서 무기력하게 반응한다. 그러면 부모는 어쩔 수 없이 아이들 대신 다 해줄 수밖에 없다.

##  성인의 애착유형

　이제 어른이 되었다고 생각해보자. 보통 어른의 애착유형은 인터뷰를 통해 분류하는데, 어린 시절의 이야기를 듣는 과정에서 그 사람의 애착유형을 판별할 수 있다.

### 1. 자율형

　첫 번째 자율형은 긍정적인 면과 부정적인 면을 균형 있게 가지고 있는 타입이다. 부모님과의 관계를 이야기할 때 좋은 점뿐 아니라 나쁜 점도 말하면서 전체적으로 균형 잡힌 시각을 보인다.

　이들은 대부분 사람을 잘 믿고, 그렇다고 해서 다른 사람이 꼭 자신을 좋아해야 한다고 생각하지도 않는다.

### 2. 배척형

　어렸을 때 회피형이었던 아이는 어른이 되어 배척형으로 변한다. 의심이 많고 독립성을 중시하며, 다른 사람을 경계한다. 이들은 대부분 '주지도 말고 받지도 말자'라는 생각으로 사람을 대하고, 경계심이 많아서 타인과 친밀한 관계를 유지하지 못한다.

### 3. 집착형

집착형은 항상 사랑을 갈구하고 불안감이 강하며, 혼자 있는 것을 두려워한다. 이런 사람들은 어린 시절 이야기를 하며 눈물을 자주 보이고 자신은 다른 사람과 친하게 지내고 싶은데 다른 사람은 그만큼 자신을 생각해주지 않는 것 같다며 서글퍼하는 경향이 강하다.

### 4. 미해결형

미해결형은 과거의 갈등이 해결되지 않아 혼란스러워하고 타인을 신뢰하지 못한다. 그렇기 때문에 굉장히 외로워질 수밖에 없고, 어떤 일에 전념하기가 조금 힘들다. 우울증에 걸릴 확률도 높다.

**바돌로뮤와 호로비츠의 성인의 애착 유형 4가지**

바돌로뮤(Bartholomew)와 호로비츠(Horowitz)는 성인의 애착유형을 타인과 자신의 내적 모델에 따라 다음과 같은 네 가지로 나누기도 했다.

| | | 자기 모델 | |
|---|---|---|---|
| | | 긍정 | 부정 |
| 타인 모델 | 긍정 | 안정 애착 | 불안정 애착(저항) |
| | 부정 | 불안정 애착(회피) | 불안정 애착(혼란) |

**안정 애착(안심형) : 자기긍정-타인긍정**

비교적 쉽게 다른 사람들과 정서적으로 가까워지며 자신이 남들에게 의지하든 남들이 자신에게 의지하든 편안하게 느낀다. 혼자서 지내거나 남들이 자신을 받아들이지 않는다고 해서 걱정하지 않는다.

**불안정 애착(회피/거부회피형) : 자기긍정-타인부정**

가까운 정서적 관계를 맺지 않고 지내는 것을 편안하게 느끼며 독립심과 자기충족감을 느끼는 것을 매우 중요하게 여긴다. 자신이 남들에게 의지하거나 남들이 자신에게 의지하는 것을 좋아하지 않는다.

**불안정 애착(저항/양면형) : 자기부정-타인긍정**

남들과 정서적으로 완전히 친밀해지기를 원하지만 남들은 자신이 원하는 것만큼 가까워지기를 꺼린다고 느낀다. 누군가와 친밀한 관계를 맺어야 안심이 된다. 또한 때때로 자신이 남들을 소중하게 생각하는 만큼 남들이 자신을 소중하게 생각하지 않을까봐 염려스러워한다.

**불안정 애착(혼란/공포회피형) : 자기부정-타인부정**

남들과 가까워지면 왠지 편안하지 않은 기분을 느낀다. 정서적으로 가까운 관계를 원하기는 하지만 남들을 완전히 신뢰하거나 남들에게 전적으로 의지하기 어려워한다. 남들과 가까워지면 자신이 상처를 받을까 봐 걱정한다.

한번 형성된 애착유형이 시간이 지나면서 어떻게 변화되고 세분화되는지를 표로 정리해보면 다음과 같다.

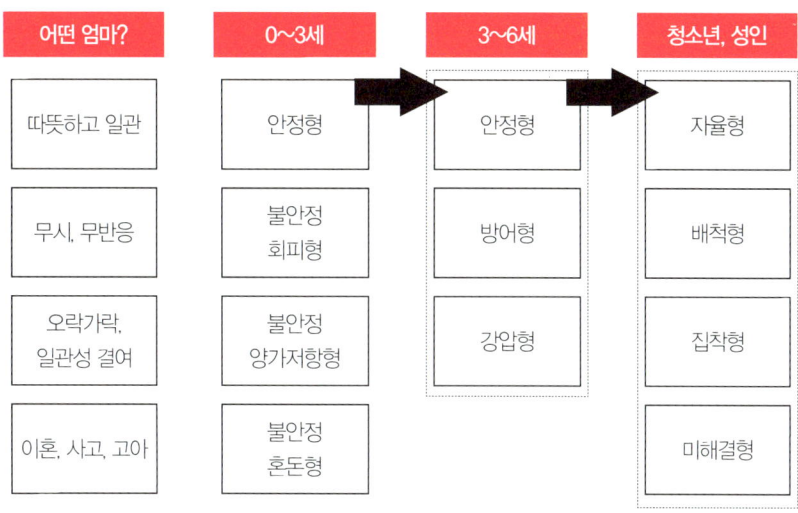

# 05
## LESSON

# 안정적 애착관계를
# 형성하는 단계별 양육법

　많은 부모들이 애착이 중요하다는 것은 너무나 잘 알고 있다. 아이가 어릴 때는 욕구를 채워주고 친밀한 공생관계를 맺는 것이 중요하다는 것을 모르는 부모는 없다. 하지만 그 중요성에 비해 애착에 대해 제대로 알고 대처하는 부모는 많지 않은 편이다. 무조건 아이와 딱 달라붙어서 스킨십 많이 하고, 많이 안아주기만 하면 애착관계가 저절로 형성되는 줄 아는데 그건 완전한 착각이다.

　또한 만 3세까지가 애착에 있어서 가장 중요한 시기라니까 그때만 아이에게 모든 시간을 쏟아 부으면 그다음에는 어디에 내놓아도 살 수 있겠지 하는 생각도 오해다. 애착에도 단계가 있고 단계마다 부모의 역할도 달라지기 때문이다.

　애착은 처음에는 공생에서 시작되지만 그 끝은 분리와 개별화로 마무리된다. 결국 아이가 독립된 자아를 형성할 수 있도록 돕는 것이 애착과 관련된 부모의 역할이라는 뜻이다.

진정으로 아이가 독립된 인격체로 바로 설 수 있도록 각 단계별로 부모가 어떠한 역할을 해야 하는지 세부적으로 살펴보도록 하자.

**애착의 최종 목표는?**

많은 부모들이 애착이 중요하다고 하니 아이와 신체 접촉을 많이 하고 함께 놀아주어야 한다고 생각한다. 그리고 한편으로는 '언제까지 이래야 하나' 싶은 생각을 하기도 한다. 그러나 애착은 영원한 공생관계를 의미하지 않는다. 오히려 생애 초기의 단단한 애착관계는 아이의 독립을 위해 필요한 과정이다. 온전한 한 인간으로 홀로 설 수 있을 만한 힘을 얻기 위한 과정이다. 어느 순간 아이는 부모 품을 벗어나 하나의 당당한 인격체로 독립할 것이며, 이를 위해 생애 초기의 안정적 애착이 필요하다는 것을 확실히 알아둘 필요가 있다.

## 발달 단계에 맞춰 엄마도 달라져야 한다

아이는 언제까지나 엄마에게 달라붙어 있기만 하는 존재가 아니다. 시간과 함께 조금씩 변화하고 성장해나간다. 아이의 변화에 맞추어 부모의 역할도 달라져야 한다. 아이는 변하는데, 엄마는 그 자리에 머물러 있다면 건강한 발달을 이룰 수가 없다.

### 1. 1단계: 0~2세 애착 단계

이 단계가 양육자에게 힘든 이유는 아이들이 달라붙는 때이기 때문이다. 내 몸 하나 움직이는 것도 힘든데, 아이까지 한시도 떨어지지 않고 붙어 있으려고 하니 몸이 고달플 수밖에 없다. 먹여주고 재워주고 씻겨주고 달래주려면 하루 24시간이 모자랄 지경이다. 그렇지만 아이의 애착 형성에 있어 가장 중요한 때 이니 만큼 최선을 다하는 자세가 필요하다.

일단 아이가 무력한 단계이기 때문에 적절한 도움을 주는 것이 필수적이고, 아이가 엄마를 편안한 존재로 느낄 수 있게 따뜻하게 돌봐주어야 한다. 아이가 배가 고프다고 칭얼대면 우유를 먹여주어야 하고, 용변을 봐서 불편해하면 기 저귀를 갈아주어야 하며, 잠투정을 하면 토닥여 잠을 재워주어야 한다. 물론 아 무리 부모라 하여도 이 모든 일이 간단하지만은 않다. 무수한 시간과 에너지를 필요로 하는 일이다. 하지만 이 순간이 그저 아이의 욕구를 채워주는 시간만이 아니라 아이의 발달에서 가장 중요한 순간임을 안다면 그러한 고단함도 견딜 만한 것으로 여겨질 것이다.

이때 아이를 충분히 안아주지 못하거나 제대로 된 돌봄을 제공하지 못하면 발달 손상이 일어나 양가저항형이나 회피형의 애착유형이 형성된다.

TIP

**갓난아이를 위한 애착 육아의 원칙**
① 자주 오랫동안 아이를 안아준다.
② 되도록 모유를 먹인다.
③ 베이비 마사지를 통해 스킨십을 충분히 해준다.
④ 아이가 울음을 터뜨리면 바로 달려가서 달래준다.
⑤ 아이의 옹알이에 적극적으로 반응한다.
⑥ 아이와 자주 눈을 맞춘다.

**꼭 안아주지 않고도 아기를 달래는 방법**

되도록 아기를 자주 안아주는 것이 좋지만, 그렇다고 해서 아기가 조금만 보채도 바로 안아주는 것만이 능사는 아니다. 엄마도 육체적으로 힘든 시기인 데다가 시각과 청각적 자극을 다양하게 주는 것이 아기의 발달에도 좋기 때문이다. 가장 좋은 것은 안아주고 스킨십을 해주는 것이지만, 그것이 여의치 않을 때는 시기별로 안아주는 것 이외에 어떤 방법으로 아기를 달랠 수 있는지 알아보자.

### 100일 이전의 아기

아기가 울 때 아기의 양팔을 잡아 몸이 움직이지 않게 도와주는 것이 중요하다. 엄마의 얼굴을 보여주는 시각 자극과 엄마의 목소리나 장난감 소리 등 청각 자극을 주면 대부분의 아기들은 울음을 멈춘다. 이 방법을 10~20초 시도해도 울음을 그치지 않으면 노리개 젖꼭지를 물리거나 흔들침대에 앉혀보고, 그래도 울음을 멈추지 않는다면 그때 안아주면 된다.

### 생후 4~6개월

생후 4~6개월의 아기에게는 엄마의 얼굴을 보여주고 목소리를 들려주면서 기다리라고 이야기한다. 흔들침대나 보행기 등 육아용품을 이용해서 아기를 달래보는 것도 좋다. 이 시기에는 대부분의 시간을 안아서 젖을 먹이고 재우므로, 스킨십이 충분해서 안지 않고도 아기의 울음을 달랠 수 있다면 안아주지 않아도 된다. 아기가 계속 떼를 쓴다면 밖으로 데리고 나가는 것도 좋은 방법이다.

### 6개월 이후

6개월 이후의 아기는 엄마의 목소리가 들리면 엄마가 옆에 있다는 사실을 인지할 수 있기 때문에 목소리만으로 달래본다. 장난감으로 달래도 울음을 멈추지 않을 때 아기를 안고 밖으로 나가 관심을 다른 곳으로 돌릴 수 있도록 유도한다. 아기에게 엄마의 모습과 목소리로 옆에 있다는 것을 알려줘 안심시키고, 그래도 안 될 때 가장 마지막 단계에서 스킨십을 해준다.

## 2. 2단계: 2∼3세 탐험 단계

만으로 따져서 18개월에서 두 돌 무렵이면 엄마들은 또 다른 이유로 힘겨운 양육 문제에 부딪힌다. 이때는 아이들이 잘 걷기 때문에 여기저기 가리지 않고 돌아다닌다. 엄마로서는 눈이 열 개, 손이 열 개라도 모자란 시기이다. 잠깐 눈을 떼면 선반 위의 물건을 끌어내리고, 위험한 물건을 만지작거리기 때문에 아이를 지켜보고 돌보느라 엄마는 눈코 뜰 새가 없다.

이 시기의 아이에게 세상은 너무나 매혹적이다. 매혹적인 세상을 보고 듣고 만져보고 알아내기 위해 아이들은 끊임없이 탐험을 한다.

이때 몇 가지 특별한 양육태도가 필요한데, 첫째로 탐험의 기회를 충분히 제공해야 한다. 아이가 걸어 다니고 여기저기 탐색을 하는 모습이 아직은 미숙하기 때문에 부모는 이 시기에 과잉보호를 많이 한다. 물론 아이를 안전하게 돌봐 줘야 하지만, 이 시기에 절대로 하지 말아야 할 것이 과잉보호다. 적절하게 지켜보고 위험한 것은 만지지 못하게 해야겠지만 걱정이 지나쳐서 아이를 아무것도 못하게 만들어서는 안 된다는 뜻이다.

두 번째로는 아이가 탐험한 내용을 함께 나누어야 한다. 이 시기의 아이는 정신없이 주변을 탐색하다가도 탐험을 멈추고 주변을 돌아보며 엄마를 찾는데, 그럴 때 그 자리를 벗어나서는 안 된다. '애 혼자 잘 노는데, 뭐' 하면서 관심을 덜 두는 순간 아이는 불안해서 제대로 탐험을 할 수 없기 때문이다. 부모는 아이 가까운 곳에서 아이를 지켜보며 늘 아이 곁에 있다는 안심감을 제공해야 한다. 그리고 아이가 돌멩이를 주워 오면 "와, 돌멩이 색깔이 까맣네" 하면서 아이가 탐험한 것에 반응을 해주는 것이 매우 중요하다. 아이는 자신이 탐험한 내용에 부모가 호응해주고 설명해줄 때 자기 행동에 자부심을 느끼고, 세상에 대해 열린 마음을 형성하기 때문이다.

이 시기는 아이가 독립을 향해 나아가는 시기이기 때문에 떨어졌다 다가왔다를 반복하는데, 아이가 '어, 내가 너무 멀리 왔나' 하고 생각할 때 엄마가 손을 흔들어주며 "엄마 여기 있어" 하며 안심을 시켜주고 두려울 때 지켜봐줘야 아이가 독립을 향해 나아갈 수 있다.

### 3. 3단계: 3~4세 정체성 단계

3~4세가 되면 아기의 시기를 벗어나 자아감을 찾기 시작하는 단계다. 이때 아이들은 최초의 정체성 문제, '나는 누구인가' 하는 고민을 시작한다. 아이들은 엄마 아빠의 흉내를 내면서 자기 정체성을 파악하려고 애쓴다. 아빠의 신발을 신어보거나 넥타이를 매고, 엄마 화장품에 관심을 갖고, 발레리나 옷을 입고 발레 하는 흉내를 내는 것 등이 다 이 과정에 속한다. 그렇기에 이때는 많은 경험과 자극을 제공하고 아이의 행동에 관심을 많이 보여줘야 한다.

### 4. 4단계: 4~6세 힘과 경쟁의 단계

이 시기의 아이는 유치원에 다니고 집 밖 활동을 시작하면서 주변에 흥미를 가지고 힘과 경쟁의 관계를 갖게 된다. 이때 필요한 것은 칭찬과 지지이다. 아이가 호기심을 갖고 물어보는 것에 적절히 대답을 해주고, 아이의 활동을 격려해줄 필요가 있다. 그런데 뭔가 가르쳐주지 않고 아이에게 창피를 주면 아이는 굉장히 위축될 수밖에 없다.

### 5. 5단계: 6세~9세 관심의 단계

6~9세의 아이들은 세상 밖으로 나가려고 하고 또래에 관심을 갖는다. 또래와 관계를 맺고 거기서 자신의 유능감을 맛보려고 하는 시기이다. 그러므로 이때는 또래 경험을 많이 제공하고, 또래 갈등을 중재하고, 다양한 긍정적 대인관계를 경험할 수 있도록 도와줄 필요가 있다.

**애착 증진을 위한 부모의 역할**

| | |
|---|---|
| 0~2세(애착 단계) | • 따뜻하게 돌보기 • 적절한 도움 주기 |
| 2~3세(탐험 단계) | • 탐험 기회 제공 • 탐험을 함께 나누기 • 두려울 때 지켜주기 |
| 3~4세(정체성 단계) | • 많은 경험과 자극 제공 • 생각과 감정 존중 |
| 4~6세(힘과 경쟁의 단계) | • 칭찬하기 • 지지하기 • 의견 반영하기 |
| 6~9세(관심의 단계) | • 또래 경험 제공 • 또래 갈등 중재 • 긍정적 대인관계 경험하기 |

 사례로 보는 바람직한 애착 형성법

해성이는 물을 엎지르고 컵을 깰 때가 많다. 해성이가 어느 날 유리컵에 물을 마시려고 하고 있었다. 부모는 '또 컵을 깨겠지'라고 생각한다. 그런데 정말 해성이가 컵을 깨고 말았다. 부모는 "거 봐, 그럴 줄 알았어"라고 반응한다. 아이가 올바른 애착을 형성하도록 도우려면 어떻게 말해야 할까?

이 경우 아이는 잘못을 반성하고 죄책감을 갖기보다는 '엄마는 나보다 컵이 더 중요하구나' 하는 생각을 하게 되고, 자존감이 부족한 아이로 자라게 된다.

이럴 때 긍정적인 자아상을 키워주고 싶다면 평소 생각과 반대로 말하면 좋다. "그럴 줄 알았어, 잘한다~"라고 말하는 대신 "안 다쳤어?"라고 아이를 먼저 걱정해줘야 한다. 훈육은 아이가 안정된 이후에 해도 늦지 않다. 아이를 안심시키고 위로해주면 아이는 '컵보다 내가 소중하구나' 하고 실감할 수 있다. 엄마가 나를 아끼고 사랑한다는 것을 느끼고 믿을 때 안정적인 애착을 형성할 수 있다.

아이가 컵을 깨고 집안을 어지르고 말썽을 부린다면 누구나 순간적으로 화가 날 수 있다. 하지만 아이 딴에는 세상을 탐험하는 과정이며, 또한 스스로 무엇인가를 해보고자 하는 자발성을 표현하는 행동이라는 것을 이해해야 한다. 아이는 아직 미숙하고 부족할 수밖에 없다. 이 또한 사랑스러운 내 아이가 자라나는 과정이라는 생각으로 품어주고 안아주어야 한다. 훈육은 2차 과정이다.

생후 6개월 된 은지는 낯가림이 심해서 할머니가 안으려고 해도 울고불고 엄마를 찾는다. 시댁에서는 "네가 너무 애를 끼고 사니까 그렇지. 우리 집에 며칠 데려다 놔" 하고, 친정에서는 "아이가 클 때까지 낯선 사람들과 만남이 없게 하고, 엄마랑 둘만 좀 지내봐. 이래서 애착이 되겠니?" 한다. 엄마는 과연 어떻게 해야 하는 걸까?

6개월쯤 되면 아이들은 본격적으로 엄마와 아빠를 알아보기 시작하면서 낯가림한다. 그래서 주 양육자가 바뀌거나 분리되면 아이는 큰 타격을 입게 된다. 그러니까 시댁의 조언을 따라서는 절대 안 된다. 그렇다고 친정의 해법도 바람직하다고는 할 수 없다. 다른 사람들과도 친밀한 접촉과 미소 등을 나눌 수 있어야 낯가림 문제도 자연스럽게 해소되고 사회성도 발달하기 때문이다.

결과적으로 아이가 주 양육자에게 안정적으로 애착을 형성할 수 있도록 곁에서 적절히 돌봐주는 것과 동시에, 아이가 다른 사람들과도 접촉할 수 있는 기회를 제공해주어야 한다. 다른 가족들도 아이에게 적절한 자극을 주어야 하고, 친척 등이 놀러 와서 아이와 눈을 맞추는 것도 좋다. 또 엄마가 아이를 데리고 산책을 나가는 것도 추천할 수 있는 방법이다.

재민이는 이제 두 살이다. 아이를 어린이집에 보낼 계획을 하고 있는데, 되도록 애착 형성에 문제가 되지 않는 시기에 보내고 싶다. 언제쯤이 적당할까?

애착 형성에 가장 중요한 시기는 만 3세까지이다. 그렇기 때문에 여건이 허락한다면 놀이방이나 어린이집에 보내는 시기는 그 이후가 좋다. 3세까지는 가급적 집에서 밀착되어 아이를 돌보는 것이 바람직하고, 아이에게 또래 친구를 만들어주고 싶다면 동네 놀이터나 문화센터처럼 엄마도 함께 있을 수 있는 시설을 이용하는 것이 좋다. 둘째 출산이나 양육에 대한 부담으로 엄마가 지나친 스트레스를 받고 있는 상황이라면 최대한 짧게 오전 시간만 어린이집에 보내는 방법을 고려해보는 것이 좋다.

희선이 엄마는 집에서 일하는 프리랜서이지만 가끔씩 밖에 나가 사람들을 만나야 할 때도 있다. 그럴 때는 희선이를 재우거나 다른 놀이에 정신이 팔렸을 때 다른 사람에게 아이를 지켜볼 것을 부탁하고 잠깐씩 밖에 나갔다 오곤 했다. 이렇게 아이를 몰래 집에 두고 나가는 것은 애착 형성에 바람직할까?

아무리 어린아이라 해도 엄마가 자기를 두고 몰래 나갔다는 사실은 귀신같이 알아챈다. 표현은 못해도 나름의 생각과 느낌은 있기 때문이다. 조금 전까지만 해도 곁에 있던 엄마가 아무런 말도 없이 갑자기 사라지면 아이 입장에서는 당황스러울 수밖에 없다. '내가 뭘 잘못했나? 그래서 엄마가 나를 떼놓고 나갔나?' 하는 생각까지 하게 된다. 이런 일이 반복되면 실망과 좌절을 느끼기도 한다.

말귀를 못 알아듣는 아이라 할지라도 헤어질 때는 반드시 인사를 하고 다정하게 설명을 해주는 것이 좋다. "지금은 엄마가 나가서 볼 일이 있지만 잠시 후에는 들어올 거야. 우리 이따가 만나자" 하고 말이다. 그래도 아이가 심하게 울거나 떼를 부리면 "알았어, 엄마가 조금 더 있다가 갈게" 하며 시간 여유를 두고 다시 이별을 시도하는 것이 좋다. 이런 식으로 반복하면 충격이 다소 완화되는 효과를 볼 수 있다.

## 불안정 애착의 대물림을 막아라

애착은 아이의 평생을 좌우할 뿐만 아니라 세대를 이어 대물림이 될 수 있기 때문에 그 영향력이 엄청나다고 할 수 있다. 3세대에 걸쳐 애착전이에 대해 연구한 결과가 있는데, 애착유형을 보니 그 일치도가 매우 높았다. 즉 외할머니, 엄마, 아이의 3대를 연구해보았더니 서로 비슷한 유형이 나왔다는 이야기다. 특별한 노력을 기울이지 않는 한 애착은 분명히 대물림된다. 그렇다면 어떻게 이 질기고 질긴 불안정 애착의 고리를 끊을 수 있을까?

이를 해결할 수 있는 유일한 방법은 자기성찰 능력을 키우는 것뿐이다. 우리는 모두 어린 시절을 경험했고, 자신의 경험을 되돌아보는 과정에서 해결책을 찾을 수 있기 때문이다. 다음의 여섯 가지 질문을 통해 스스로를 되돌아보고 아이를 어떻게 대해야 하는지 그 해답을 찾아보도록 하자.

### 1. 나의 어린 시절을 떠올려본다

누구나 어린 시절을 경험했기 때문에 모든 답은 자신에게 있다. 자신의 유년 시절을 떠올려보는 것이 자아성찰 능력을 키우는 첫 번째 단계이다.

### 2. 나의 어린 시절이 현재의 행동에 어떤 영향을 미치는지 살펴본다

옛날에 엄마가 했던 행동을, 당시 본인이 싫어했던 행동을 그대로 답습하고 있지는 않은지 살펴본다.

### 3. 어린 시절 부모가 어떻게 해주기를 원했는지 떠올려본다

어릴 때 많이 맞고 자란 사람을 예로 들면, 어릴 때 맞는 것이 싫고 무서웠을 것이다. '우리 엄마는 왜 이런 일로 굳이 때리는 거지?' 하는 섭섭함과 공포를 느꼈을 것이다. 그런데 맞고 자란 사람이 꼭 자신의 아이들에게도 강압적인 처벌을 내리곤 한다. 본인이 어렸을 때 부모가 어떻게 해주기를 바랐는지를 떠올리는 과정은 아이를 대하는 태도를 변화시키는 데 매우 중요한 역할을 한다.

### 4. 나의 스트레스 대처 방법은 어떠한지 살펴본다

본인이 스트레스를 풀기 위해 어떤 방법을 사용하고 있는지를 객관적으로 바라볼 수 있어야 한다. 아이에게 깐죽거리거나 때리거나 무시하는 식으로 본인의 스트레스를 조절하고 있지는 않은지 돌아보아야 한다.

### 5. 그 방법이 효과적인지 평가한다

자신의 스트레스 대처 방법이 효과적인지 냉정하게 평가해본다. 분명히 아이를 사랑하는데, 왜 아이를 때리고 무시하고 아이에게 상처가 될 만한 행동을 하는가? 그것이 정말 자신과 아이에게 좋은 방법인지 스스로 되묻고 반성하는 과정이 필요하다.

### 6. 긍정적 변화를 위한 행동을 시작한다

생각하고 평가하고 반성했다면 이제는 긍정적 변화를 위한 행동을 시작할 때이다. 단 한 번으로 모든 것이 바뀔 수는 없겠지만, 화가 치밀거나 짜증이 날 때 이 과정을 반복하면 분명히 긍정적인 변화를 이룰 수 있을 것이다.

**TIP**

**아이의 애착 형성을 돕기 위한 원칙**
① 아이의 요구에 민감하고 즉각적이고 일관성 있게 반응하라.
② 신체 접촉놀이를 많이 하라.
③ 몸과 마음을 나해 아이를 진정으로 사랑하라.
④ 엄마 스스로 자신감과 소신을 가져라.

# 애착을 형성하는
# 5가지 전략

### 1. 애착 형성은 양보다 질이다

연구 결과에 따르면 아이의 애착 형성은 부모와 아이가 함께 보내는 시간과는 상관이 없다고 한다. 즉 오랜 시간 아이와 함께한다고 해서 애착 형성이 잘 이루어진다고 말할 수는 없다.

### 2. 아이에게 즉각적으로 그리고 일관되게 반응한다

아이가 울면 아이의 욕구를 파악하고 즉각적으로 반응을 해주어야 한다. 하는 일이 바쁘다고 해서 우는 아이를 기다리게 해서는 안 된다. 아이가 어른을 이해하기를 기대해서는 안 된다. 아이는 아이일 뿐이기 때문이다. 또한 일관된 반응을 보여야 한다. 오늘은 엄마가 기분이 좋으니까 빨리 반응하고 또 다른 날에는 엄마가 힘드니까 늦게 반응하면 아이들은 엄마를 신뢰하지 못하게 되어 안정된 애착을 형성하기 힘들다.

### 3. 아이에게 민감하게 반응한다

아이의 욕구를 정확히 파악해야 한다. 아픈 아이의 울음을 배고픈 울음으로 착각해서는 안 된다. 안정 애착의 촉진은 아이의 욕구에 주의를 집중하는 것에서부터 시작된다. 아이에게 초점을 맞추고 아이의 신호를 정확하게 해석한 후 그에 따른 반응을 해야 한다.

### 4. 아이와 신체 접촉으로 따뜻하고 긍정적으로 반응한다

신체 접촉은 아이가 평안한 마음을 유지할 수 있도록 돕는다. 신체 접촉은 아이가 안전에 대한 경험을 형성할 수 있도록 돕고, 자신이 이해받고 보호받는다는 느낌을 준다. 또한 연구 결과에 따르면 양육자와 신체 접촉이 없는 아이들의 뇌세포는 성장하지 못하고 죽고, 무기력해지며 어떠한 것에도 흥미를 느끼지 못한다고 한다.

### 5. 놀이나 상호작용에서 아이의 리드를 따른다

부모들의 "안 돼"라는 말은 아이의 탐색을 방해한다. 유아들이 상호작용을 하려고 노력할 때는 아이들의 리드를 따라야 한다.

# 분리불안을
# 개선하는 방법

아이는 누구나 애착 대상으로부터 분리되는 것을 불안해한다. 이는 어느 정도 자연스러운 현상이다. 많은 엄마들이 아이가 엄마와 떨어질 때 울고불고 난리를 치면 '혹시 우리 아이에게 문제가 있는 건 아닌지, 다른 아이들보다 심각한 수준인 것은 아닌지' 걱정하곤 한다. 심지어 걱정이 지나쳐 '나중에 사회생활에 문제가 생기면 어떻게 하지?'라고 미리부터 먼 장래를 걱정하기도 한다. 단순히 아이가 엄마와 떨어지는 것을 무서워하거나 겁내는 것을 가지고 그렇게 걱정할 필요는 없다. 다만 이 불안의 정도가 일상생활을 위협할 정도로 심하고 지속적인 경우는 문제가 된다. 불리불안장애일 수도 있기 때문이다.

분리불안장애는 지나치게 밀착된 가족일 때, 부모가 과보호적인 양육태도를 보였을 때, 아이의 성향이 지나치게 의존적일 때 나타날 수 있다. 또한 부모가 무의식적으로 아이와 떨어지는 것을 두려워하거나 본인에게 불안장애가 있을 때에도 위험도가 높다. 흔히 부모의 질병, 동생의 출산, 엄마의 직장 출근, 이사, 전학, 부모의 다툼 등으로 발병한다.

최근에는 이러한 분리불안을 호소하는 아이들이 더욱 늘어나고 있는데 외동, 늦둥이로 태어나 과잉보호 속에서 자란 아이들이 많아진 것도 하나의 원인으로 볼 수 있다.

그렇다면 분리불안장애는 어떤 증상을 보이는지, 혹시 우리 아이가 가벼운 분리불안을 넘어서서 심각한 수준은 아닌지 아래 사항을 보며 점검해보자.

## 분리불안장애의 증상

분리불안장애로 진단하려면 다음 증상 중 세 가지 이상이 나타나고, 장애의 지속 기간은 4주 이상이어야 하며, 이로 인해 일상생활에 심각한 장애를 초래하는 경우여야 한다.

① 애착 대상과 분리되거나, 분리가 예상될 때 반복적으로 심한 고통을 보인다.

→ 예) 불안, 울음

② 애착 대상을 잃거나 그에게 해로운 일이 일어날 거라고 지속적으로 심하게 걱정한다.

→ 예) 강도, 교통사고

③ 예상치 않은 사고가 생겨 애착 대상과 분리될 것이라는 비현실적이고 지속적인 걱정을 한다.

→ 예) 길 잃기, 납치, 유괴

④ 분리에 대한 불안 때문에 학교나 그 외의 장소에 지속적으로 가기 싫어하거나 거부한다.

⑤ 애착 대상 없이 혼자 지내는 데 대해 지속적이고 과도하게 두려움을 느끼거나 거부한다.

⑥ 애착 대상이 가까이 있지 않은 상황이나 집을 떠나는 상황에서는 잠자기를 지속적으로 싫어하거나 거부한다.

⑦ 엄마나 자신에게 사고가 나는 꿈 등 분리의 주제와 연관되는 반복적인 악몽을 꾼다.

⑧ 애착 대상과의 분리가 예상될 때 반복적인 신체 증상을 호소한다.

→ 예) 두통, 복통, 오심, 구토

### 분리불안장애의 치료

일단은 아이의 마음을 이해하기 위한 면담이나 놀이 치료, 가족 치료가 필요하다. 그 밖에 증상에 따라 단계적으로 다음과 같은 방법을 사용할 수 있다.

### 인지행동 치료

등교, 심부름 보내기, 잠자리 분리 등을 목표로 점차적으로 아이가 분리에 적응해나갈 수 있도록 돕는다. 아이가 한 가지 과제를 수행해냈을 때 칭찬하고 격려하는 과정을 통해 분리가 자연스럽고 바람직한 행동이라는 것을 알 수 있도록 해준다. 이를 위해 긍정적 강화요법, 긴장 이완요법, 체계적 탈감각법 등을 사용할 수 있다.

### 약물 치료

지속적으로 등교를 거부할 정도로 심각한 증상을 보일 때에는 약물 치료를 병행해야 하며 때로는 정신과적 입원이 필요하기도 하다. 지속적인 등교 거부로 입원이 필요한 경우는 입원할 때 아이가 심한 저항을 보이고 때로는 부모 자신이 아이와 분리되는 데 더 큰 저항을 보이기도 한다. 헤어지고 만나는 일련의 과정(입원, 면회, 외출, 외박)을 통해 증세를 호전시킬 수 있다.

**분리불안장애를 예방하기 위한 세 가지 수칙**

① 가족 구성원 사이의 경계선을 분명히 하고 자녀의 자율적이고 독립적인 태도를 권장하라.

② 건강한 가족관계를 유지하기 위해 노력하라.

③ 예기치 못한 주위 사람의 죽음, 아이 혹은 부모의 입원, 동생 출산, 심한 부부싸움, 이사, 전학 등 생활환경에 변화가 있을 때는 아이의 심리적인 변화 및 적응 과정을 면밀히 관찰하고 지지하라.

참고: 서울대학교 자료

# 인지발달은
# 내 아이를 이해하는
# 지침서다

# 01
**LESSON**

인지발달을 알면
내 아이의 행동이 이해된다

"도대체 우리 애가 왜 이러는지 모르겠어요."

"얘 속은 알다가도 모르겠다니까요."

"혹시 무슨 문제가 있어서 그런 건 아니겠죠?"

"내 속으로 낳았는데 도대체 나는 쟤가 왜 저러는지 정말 모르겠어요."

많은 엄마들이 자녀를 두고 이런 고민을 한다. 도무지 아이를 이해할 수 없어서 "우리 애는 외계인인가 봐요" 하는 부모까지 있다. 그런데 그 원인은 의외로 간단한 데 있는지도 모른다. 바로 아이의 인지발달에 대해 잘 몰라서일 수 있는 것이다.

같은 사건을 두고도 아이들은 인지발달 단계에 따라 전혀 다른 반응을 보인다. 예를 들어 두 돌 된 아이한테는 북한의 위협이나 핵전쟁 같은 이야기를 해도 해맑게 웃으면서 그냥 잘 놀지만, 예닐곱 살 정도가 된 아이에게 그런 이야기를 하면 밤에 악몽을 꾸기도 한다. 같은 사건이라도 불안을 느끼는 단계가 있고 그렇지 않은 단계가 있기 때문이다. 또 서너 살짜리 아이는 자기 눈만 가리면 다른 사람에게도 자신이 안 보이는 것처럼 생각하고 행동하지만, 예닐곱 살만 돼도 이것이 얼마나 우스운 행동인지 알아차린다. 이러한 차이를 만들어내는 것이 바로 인지발달이다. 그렇기에 인지발달에 대해 제대로 알면 우리 아이가 왜 그런 반응을 보이는지, 왜 그런 행동을 하는지 이해할 수 있게 되는 것이다.

흔히 인지발달이라고 하면 학습이나 두뇌, 아이큐 같은 단어를 제일 처음 떠올리지만 인지발달은 그렇게 한정된 영역에만 머물지 않는다. 인지발달이란 지각, 평가, 이해할 수 있는 지적 능력을 습득하는 과정을 이르며, 인생 전체에 관여한다. 인지발달이란 인간이 환경과의 상호작용, 그리고 자기조절을 거쳐 환경에 적응하는 것을 의미하고 정보를 수집하고 조직하여 이 세상을 이해할 수 있도록 만들어준다. 인간은 태어날 때부터 세상을 이해하기 위해 끊임없이 노력하면서 인지발달을 이루어나간다.

신의 정신세계에 있는 도식, 즉 인지구조와의 균형을 이르는 것을 말한다. 자신이 알고 있던 것과 다른 것을 접하면 불균형 상태를 극복하면서 인지발달을 이루어나간다.

세 번째, 동화란 새로운 정보를 기존의 인지구조, 즉 기존의 도식에 맞도록 통합하는 것을 말한다.

네 번째, 조절이란 새로운 정보를 받아들일 수 있도록 기존의 지식체계를 변화시키는 것을 의미한다.

## 인지발달을 알면 내 아이가 보인다

인지발달은 크게 네 단계로 나눌 수 있다. 태어나서 2세까지의 감각운동기, 2세부터 7세까지의 전조작기, 7세부터 12세까지의 구체적조작기, 12세부터 그 이후까지의 형식적조작기가 그것이다. 이 발달 단계는 장 피아제(Jean Piaget)가 완성한 것으로, 각각의 단계는 전형적인 특성을 지니고 있다.

감각운동기에는 언어가 없으며 모든 사물을 자기중심적으로 파악하고, 전조작기에는 사물의 이름을 인지하고 언어가 발달한다. 또한 구체적조작기에는 개념을 형성하며 논리적 추리력을 갖게 되며 타인의 관점에서 생각할 수 있게 된다. 마지막으로 형식적조작기에는 추상적인 사물에 대해 논리적으로 생각할 수 있게 된다. 피아제의 이 인지발달 단계는 교육심리학에 대단한 공헌을 하였는데, 각 발달 단계마다 아이들에게 무엇을 어떻게 가르치고 훈육해야 하는지를 알 수 있게 해주었다.

**TIP**

**장 피아제 (Jean Piaget, 1896~1980)**

1896년 스위스 뇌샤텔에서 출생하였다. 뇌샤텔대학에서 생물학을 전공하여 박사학위를 받았으나 점차 심리학에 흥미를 가지고 연구하기 시작하였다. 특히 어린이의 정신발달, 논리적 사고발달에 관해 집중적으로 탐구하였다. '어린이의 사고가 자기중심적'이라는 그의 주장은 세계 심리학자들의 주목을 끌었으며, 기존의 철학적 접근에서 벗어나 과학적으로 접근했다는 것이 특징이다.

인지발달은 우리 아이를 잘 이해할 수 있는 매뉴얼, 지침서 같은 역할을 한다. 이제부터 각 단계의 특징을 자세히 살펴보고, 각 시기별로 어떠한 것에 유의해야 하는지, 어떻게 아이들을 훈육해야 하는지 알아보도록 하자.

# 02
## LESSON

# 감각과 운동으로
# 세상을 이해하는 감각운동기

첫 번째 단계는 감각운동기다. 보통 태어나서 2세가 될 때까지를 이르는데, 그 이름에서 알 수 있듯이 이 시기의 아이들은 감각, 즉 보고 듣고 맛보고 느끼는 감각과 직접 만지고 굴리는 운동을 통해 세상을 이해한다. 주로 자신의 감각과 지각을 신체활동 및 운동기능과 통합시켜 나감으로써 인지능력을 향상시키는 것이다. 감각운동기란 감각과 운동을 통해 세상을 이해하는 단계라는 뜻이다.

그래서 이 시기의 아이는 무조건 만져보고 입에 가져가서 맛보는 행동을 많이 한다. 물건을 만지거나 떨어뜨리는 행동을 하는 것도 모두 세상을 이해하기 위한 아이 나름의 방편인 것이다.

## 눈앞에 없으면 세상에 없는 것?

감각운동기 중에서도 초기 단계인 5개월여까지는 '대상영속성' 개념이 없어서 눈앞에 멀쩡히 있던 물건이 사라져도 찾지 않는다. 그래서 장난감을 재미있게 가지고 놀다가도 다른 곳에 감추면 곧바로 다른 데로 주의를 돌리고, 관심을 가지고 있던 사탕을 숨겨도 찾지 않는다.

이를테면 집에 예쁜 구두를 하나 사놓았다고 생각해보자. 지금은 외출을 해서 그 구두를 눈으로 볼 수 없지만, 우리는 그 구두가 집에 얌전히 있다는 것을 모두 알고 있다. '그 물체가 눈앞에 보이지 않는다 해도 그 물체는 영속한다'라는 개념이 바로 대상영속성이다.

그러다가 8개월여, 늦어도 10개월 정도가 되면 대상영속성 개념이 생기기 시작한다. 지금 물건이 눈에 보이지 않아도 그 물체가 존재한다는 것을 깨닫는 것이다.

그 전까지는 '눈 가리고 아웅'이 가능했지만, 이제부터는 가지고 놀던 장난감을 치우거나 숨기면 울고불고 난리가 나고 한바탕 전쟁을 치를 준비를 해야 한다. 이럴 때 보통 엄마들은 '얘가 전에는 안 그러더니 왜 갑자기 이렇게 장난감에 집착을 하지? 왜 이렇게 심하게 울지?' 하며 당황하거나 짜증을 내기 쉬운데 그러지 말고 '우리 아이가 대상영속성 개념을 깨쳤구나' 하고 기특하게 생각할 필요가 있다. 그러면 아이들 키우기가 훨씬 더 수월해질 것이다.

이처럼 단 몇 개월 만에도 아이들의 발달 수준은 휙휙 변화한다. 인지발달의 첫 단계인 이때 발달이 더디거나 정체되는 경우, 아이의 전 생애에 걸쳐 부정적인 영향을 끼칠 수 있기 때문에 주의를 기울여 아이의 발달을 도와야 한다.

대상영속성 중에서도 특히 사람에 대한 대상영속성은 아이의 정서에 큰 영향을 미친다. 그러니까 보통 10개월 정도가 되면 엄마가 눈앞에 안 보여도 존재한다는 것을 알기 때문에 눈앞에 엄마가 없으면 불안해질 수 있다. 그 전까지는 눈에 보이지 않으면 대상이 없는 것으로 생각했기 때문에 엄마가 잠깐 눈에 안 보여도 괜찮았지만, 이때는 엄마가 버젓이 존재한다는 것을 아는데도 눈앞에 안 보이니 불안해한다.

이와 관련된 실험이 하나 있다. 가벼운 수술을 받고 병원에 며칠 입원했던 아이를 생후 3개월짜리와 생후 10개월짜리 두 집단으로 나누었다. 이 아이들은 입원을 해 있던 동안 엄마와 떨어져 있었는데 생후 3개월의 아이들은 집으로 돌아와서 바로 적응을 하는 반면, 생후 10개월의 아이들은 적응을 하는 데 수 주일의 시간이 필요했다.

이는 10개월짜리 아이들이 대상영속성을 획득했기 때문에 벌어지는 일이다. 엄마가 어딘가 있는 것이 분명한데 눈앞에 안 보였기 때문에 불안하고 다른 환경에 적응하려면 시간이 걸린다는 뜻이다. 심한 경우 '왜 엄마가 나한테 안 오지? 어떻게 그럴 수가 있지?' 하고 원망과 분노를 품기도 한다. 이렇듯 대상영속성이 획득된 다음에는 양육자가 자주 바뀌거나 엄마와 자주 떨어지면 회복력이 확실히 떨어진다.

10개월 이전에는 대상영속성이 획득되지 않은 상태라 양육자가 바뀌어도 비교적 큰 타격을 받지 않지만, 그 이후에는 아이가 대상영속성을 획득하고 점차 독립적인 자아를 깨닫고 말을 시작하는 단계이므로 더욱 신경을 써주어야 한다.

**아이들이 까꿍놀이를 좋아하는 이유**

6~7개월 때 아이들이 가장 좋아하는 놀이는 바로 까꿍놀이다. 아이들은 대개 생후 5개월 무렵부터 까꿍놀이를 시작하고 8개월쯤에는 본격적으로 이 놀이를 즐긴다.

처음에는 '까꿍!' 하는 반복적인 동작 자체에 흥미를 갖지만, 월령이 높아짐에 따라 인지능력이 발달하면 아이는 까꿍놀이의 메커니즘을 이해하게 된다. 평소 가지고 놀던 장난감에 수건을 잠시 씌워도 '수건 안에는 장난감이 여전히 있다'고 예상하고, 엄마 얼굴이 손바닥으로 가려져 있어도 '저 손을 치우면 엄마 얼굴이 다시 나타날 거야' 하는 기대를 한다. 그리고 실제로 손을 치웠을 때 정말로 엄마 얼굴이 나타나면 기대가 현실로 이루어졌다는 기쁨에 웃음을 터뜨린다. 단순해 보이는 놀이지만, 아이에게는 인지능력의 발전을 의미하는 셈이다.

 ## 아빠와 아기가 함께하는 시간이 적다면

거의 모든 가정에서 아빠보다는 엄마가 주 양육자 역할을 한다. 맞벌이 가정이라고 해도 엄마가 육아휴직을 내고 아이를 돌보지, 아빠가 휴직을 하고 아이를 돌보는 경우는 거의 없다. 그런데 아이의 인지발달에 아빠의 역할도 중요하다고 하니 걱정하는 가정도 많다. 특히 직업 특성상 출퇴근이 일정치 않은 경우, 아이가 자고 있을 때 퇴근을 하고 아이가 일어나기도 전에 출근을 하는 아빠들도 있다 보니 걱정이 될 만도 하다. 이이가 아빠를 일정치 않게 보는 것이 인지발달에는 어떤 영향을 미칠까?

양육을 주로 담당하는 엄마도 힘들지만 가장의 역할도 쉽지만은 않다. 가족이 평안하게 생활하도록 기반을 만들어주는 것이 아빠의 역할이기도 하기 때문이다. 하지만 아이가 한 사람에게만 자극을 받는 것보다 여러 사람에게 자극을 받는 것이 인지발달에 좋은 것은 사실이다.

특히 아빠들은 아무래도 엄마보다 힘도 세고 운동 능력도 좋기 때문에 13개월 이상 되는 아이들과 놀아줄 때는 신체놀이를 많이 하는 것이 좋다. 번쩍 들어 주거나 한 바퀴 휙 돌려주거나 하는 놀이가 아이들의 공간감각, 운동감각에 큰 도움이 되기 때문이다. 앉아서 보듬어주는 것만으로는 부족할 수 있는 부분을 아빠가 채워주어야 하는 것이다.

또한 아이의 언어와 사고가 발달하기 시작하면 엄마들은 주로 감정과 관련된 단어를 사용하거나 감성을 많이 일깨워주고, 아빠들은 묻고 따지는 논리력과 수리력에 도움이 되는 대화를 나누도록 한다.

아빠들이 아이들과 보낼 시간이 충분치 않다는 것은 모두들 알고 있다. 하지만 짧은 시간이라도 아이와 함께 있는 동안 열성을 다한다면 좋은 결과를 얻을 수 있다.

## 🌱 우리 아이가 말이 느린 것 같아 걱정이라면

15개월이 된 민형이, 엄마가 하는 말에 좋고 싫다는 자기 의사를 명확하게 표현한다. 그런데 말이 느린 편이라서 "엄마"라는 단어만 말할 줄 알고 "아빠"는 아직 할 줄 모른다. 자기표현은 할 수 있지만 또래보다 말이 많이 느린 것 같아서 언어발달이 느린 것이 인지발달에도 영향을 미치는 것은 아닌지 걱정이 된다.

발달의 개인차는 다 존재한다. 어떤 아이는 10개월에 걷는가 하면 15개월에

걷는 아이도 있는데 사실 10개월이나 15개월이나 모두 정상 범주 안에 들어간다. 그렇기 때문에 인지발달에 문제가 있는 건 아닌지 걱정하는 것은 지나치다고 말할 수 있다.

언어발달의 경우 9개월에서 15개월 시기는 일어문 시기라고 하는데, 한 단어로 말하는 시기이다. 말이 빠른 아이는 9개월 때 "엄마"라는 말을 할 수 있고, 느린 아이는 15개월에 "엄마" 소리를 할 수 있다. 조금 늦긴 하지만 정상적인 수준이다.

이 시기에는 모든 것이 "엄마"로 통한다. "엄마, 배고파", "엄마, 나 똥 쌌어", "엄마, 졸려" 등 모든 의사표현을 "엄마"라는 한마디로 통일한다. 이 시기가 지나 두 돌 정도가 되면 언어능력이 폭발적으로 성장한다.

다른 아이들보다 아이의 언어발달이 늦으면 걱정이 되겠지만, 언어를 이해하는 데 문제가 없고 다른 신체발달이나 행동반응에도 문제가 없다면 언어표현이 조금 느린 아이라고 생각하고 서두르지 않아도 된다.

하지만 언어능력은 후천적으로 습득되는 요인도 많기 때문에 아이에게 언어적 자극을 많이 주는 것이 중요하다. 특히 흉내 내기 게임을 많이 하는 것이 좋은데, 아이가 말도 안 되는 이상한 소리를 내도 상황에 맞춰 같이 따라 해주고 의미를 부여해주는 등 밀을 주거니 받거니 하는 것이 좋다.

### 하나의 책이나 그림에 집착한다면

이 시기 아이들은 하나의 책이나 그림 또는 문장을 보고 또 보고 읽고 또 읽는 식으로 엄청나게 반복을 많이 한다. 매일같이 그렇게 봤으면 질릴 법도 한데, 지치지도 않고 계속해서 보는 이유는 무엇일까?

어른들은 똑같은 드라마를 한두 번은 볼 수 있지만, 그다음에는 다 아는 내용이기 때문에 지겨워서 볼 수가 없다. 아이들이 자꾸 똑같은 것을 반복해서 보는 이유는 모르기 때문이다. 한 번에 이해가 안 되기 때문이다. 같은 책을 봐도 처음에는 토끼에 집중해서 토끼만 봤는데, 다음 날 다시 보니 거북이도 나온다는 것을 발견하는 식이다. 이런 식으로 적어도 같은 것을 2, 30번 봐야 등장하는 것을 대충 다 알게 된다.

어른이 볼 때는 이해가 안 되는 행동이고, 빤한 것을 왜 자꾸 보나 싶어서 의아할 수 있지만 아이들은 반복해서 봐도 모른다는 것을 알고 있어야 한다.

**감각운동기의 6단계**

태어나면서부터 아이는 반사 행동과 타고난 지각 능력을 바탕으로 환경탐색을 시도하고 개념을 형성하기 위한 기초를 확립한다. 피아제는 감각운동기를 세분화하여 다시 6단계로 나누었는데, 이에 대해 알아보도록 하자.

**반사기(출생~1개월)**

이때 아기는 자신이 지니고 있는 선천적 반사 행동을 바탕으로 환경자극과 접촉한다. 반사적 행동은 환경과의 접촉을 통해 적응적 행동으로 전환된다.

**1차 순환반응의 성립(1~4개월)**

순환반응이란 아기가 자신이 행한 행동이 만족스러운 결과를 가져올 때 스스로 반복해서 수행하는 행동을 말한다. 습관적인 엄지손가락 빨기 등이 그 예가 될 수 있다. 아이는 우연히 손가락을 입에 넣고 빨았는데 만족스러운 기분이 들었기 때문에 그 행동을 계속하는 것이다. 최초의 순환반응은 아기의 신체에 국한되기 때문에 1차라는 단어가 붙는다.

### 2차 순환반응의 성립(4~8개월)

이 시기가 되면 아기는 자신의 신체에서 벗어나 외부세계에 관심을 갖는다. 하지만 자신의 우연한 행동이 만족스러운 결과를 가져오면 그 행동을 반복하기 때문에 이때도 순환반응의 단계로 본다. 예를 들어 매달려 있는 딸랑이를 우연히 건드렸는데 소리가 났다면, 아기는 이제 그 소리를 듣기 위해 반복적으로 딸랑이를 흔들면서 소리가 날 것으로 기대한다. 이때 아기는 자신의 행동이 환경에 영향을 줄 수 있다는 사실을 발견하게 된다.

### 2차 순환반응의 협응(8~12개월)

아기는 이제 원하는 목표에 도달하기 위해 이전에 획득한 행동들을 통합하기 시작한다. 이때 아기의 행동은 우연이 아니라 의도와 목적을 가지고 이루어진다. 예를 들어 엄마를 놀라게 하기 위해 딸랑이를 흔들 수도 있고, 원하는 장난감을 달라고 요청하기 위해 베개를 옆으로 밀어버릴 수도 있다.

### 3차 순환반응의 성립(12~18개월)

아기는 이 시기가 되면 만족스러운 결과를 가져오는 것뿐 아니라 사물이 왜, 어떻게 움직이는가에 관심을 갖는다. 물에 뜨는 장난감 고무오리에 호기심을 가지고 관찰하고, 이리저리 움직여본다. 그래도 계속 떠오르는 장난감을 보고 물의 성질을 알기 위해 실험을 계속한다. 지금까지의 친숙한 방식으로 목표에 도달할 수 없을 때, 새로운 상황에 적합하도록 전략을 수정할 수 있는 단계이다. 그렇지만 아기의 인지발달은 아직 미숙하기 때문에 행동적이고 시행착오적인 방법으로 문제를 해결하려고 한다. 아직까지 새로운 전략을 찾기 위한 정신적인 노력은 나타나지 않는 단계이다.

### 통찰기(18~24개월)

이제 정신적으로 아이디어를 조합하기 시작하고 문제에 대한 해결을 예상하기도 하는 단계이다. 하나의 대상이 다른 용도로 사용될 수 있다는 것을 알게 됨에 따라 둥근

그릇을 모자처럼 사용하고 슬리퍼를 전화기처럼 들기도 한다. 간단한 가상놀이가 가능하고 모델이 존재하지 않을 때에도 모델을 모방할 수 있다. 행동적 시행착오에 의존하던 때에서 벗어나 행동하기 전에 사고함으로써 갑작스레 이해나 통찰을 얻는다.

## 🙌 감각운동기의 발달을 위하여

이 시기에는 아이가 울면 달래주고, 밥을 먹이고 씻기고, 깨끗한 옷을 입히는 것 외에도 인지발달을 위해 양육자가 해주어야 하는 것들이 몇 가지 있다. 감각운동기의 특성을 고려해 무엇에 유의해야 아이의 발달을 도울 수 있는지 알아보도록 하자.

### 1. 충분한 경험과 탐색의 기회를 제공하라

어떤 아이를 보면 '쟤는 왜 저러고 노나?' 싶은 생각이 들 때가 있다. 숟가락이나 장난감 등을 쥐여주면 픽 떨어뜨리고 기어가서 줍고 입에 넣었다가 또 떨어뜨리고……. 그런 모습을 보고 있으면 왜 저런 바보 같은 짓을 할까, 주울 것을 도대체 왜 던지는 걸까, 저게 뭐가 그렇게 재미있는 걸까 싶은 생각이 들 법도 하다. 그런데 사실 감각운동기의 아이들이 가장 많이 하는 행동 중 하나가 물건을 떨어뜨렸다가 주웠다가 다시 떨어뜨리고 줍고를 반복하는 것이다.

이러한 행동을 하면서 아이들은 인과관계를 습득한다. 이 과정을 통해 손을 놓으면 물건이 바닥에 떨어진다는 것을 배운다. 그리고 어떤 것은 깨지고 어떤 것은 깨지지 않는다는 것을 몇 번이고 반복하면서 스스로 깨닫는 것이다. 우리 모두는 만유인력의 법칙을 배우기 전부터, 모든 것은 위에서부터 아래로 떨어진다는 것을 알고 있었다. 바로 어렸을 때 이러한 과정을 거치며 자연스럽게 법칙을 터득했던 것이다.

그렇기 때문에 감각운동기에는 아주 위험하지 않으면 이러한 놀이를 허용해주는 것이 인지발달에 도움이 된다. 위험하다고 아무것도 못하게 아이를 꽁꽁 제자리에 묶어두면 제대로 된 발달 과정을 밟을 수 없다. 충분한 경험과 탐색이 논리적 사고의 기초를 만들어준다는 것을 기억하자.

### 2. 언어적 자극을 많이 제공하라

감각운동기는 말을 시작하는 단계이기 때문에 언어적 자극을 충분히 제공해야 한다. 아이와 눈을 맞추며 아이가 자연스럽게 언어에 관심을 가질 수 있도록 유도하고, 말문이 트이기 전이라도 함께 놀면서 놀이 과정을 말로 설명해주거나 잠자리에서 동화책을 읽어주는 등의 자극을 주는 것이 좋다.

또한 앞서 살펴보았던 것처럼 9~15개월이 된 아이들은 모든 의사소통을 "엄마!"라는 한마디로 해결하려는 특징을 지니고 있다. 배가 고플 때도, 엄마에게 혼났을 때도, 기저귀를 갈아야 할 때도 모든 말은 "엄마!"로 통한다. 엄마는 그 한마디에 담겨 있는 뜻을 기가 막히게 알아듣지만 이럴 때는 아이가 "엄마, 물!"이라고 짧게 말해도 "우리 지혜가 물을 마시고 싶구나?" 하는 식으로 완성된 문장으로 유도해주는 것이 좋다.

### 3. 모델링 역할을 하라

'애들 앞에서는 숭늉도 못 마신다'는 말이 있다. 소파에 누워 있으면 아이도 똑같이 눕고, 혼잣말로 '아, 피곤하다' 하는데 아이도 똑같이 따라 해서 배꼽을 잡는 일도 많다. 특히나 이 시기의 아이들은 눈에 보이는 것은 무조건 따라 하느라 바쁘다. 그렇기 때문에 적절한 모델링 역할을 해줄 필요가 있다. 가까운 사람의 행동을 관찰하고 따라 하는 시기이기 때문에 좋은 모습을 보여줘야 한다.

### 4. 안정적인 애착 경험을 제공하라

감각운동기는 애착의 초절정기이기 때문에 안정적인 애착을 제공할 필요가 있다. 아이에게 즉각적이고 일관된 따뜻한 반응을 보이는 것이 가장 중요하다. 애착은 모든 발달의 기초라고 이미 말한 바 있다. 안정적인 애착을 경험해야 인지발달 또한 제대로 이루어진다는 것을 명심해야 한다.

마지막으로 한 번 더 강조하자면 이 시기에 가장 중요한 것은 뭐니 뭐니 해도 경험과 탐색이다. 그런데 엄마들은 조급한 마음에 아이가 자리에 앉을 수만 있으면 그때부터 학습하는 것부터 가르친다. 내 아이가 남들보다 똑똑하고 남들보다 조금이라도 앞서나가길 바라는 엄마 마음은 이해할 수 있다. 그러나 아이의 발달 정도를 생각하지 않고 하는 학습은 아이를 힘들게 하는 고문일 뿐이라는 것을 기억해야 한다. 무지와 욕심은 돈과 시간과 행복을 모두 잡아먹고 불행만 남기는 부작용을 초래할 수 있다. 생각해보라. 기껏 시간과 큰돈을 들여서 아이에게 좋은 교육을 시킨다고 시켰는데 그것이 오히려 아이를 망치는 길이라면 어떻겠는가?

감각운동기의 아이들에게는 집 자체도 굉장히 큰 세계이다. 집 안에 있는 물건을 제대로 탐험하는 것만으로도 충분히 이 시기에 필요한 것들을 습득할 수 있다. 이러한 시기에 홈스쿨 선생님이 와서 아이들 앞에서 재미있는 이야기를 하고 율동을 한다고 해도, 아이는 자기가 만져보지 않았기 때문에 별다른 흥미를 느끼지 못하고 딴짓을 하는 경우가 많다.

이 시기에 아이에게 필요한 것은 대단한 것도, 값비싼 것도 아니다. 직접 만지고 느낄 수 있는 기회와 애정을 충분히 제공하면 그것으로 충분하다.

## 03
### LESSON

# 두드러진 한 가지 특성만을
# 인지하는 전조작기

두 번째 단계는 2세부터 7세까지의 전조작기이다. 이 시기의 두드러진 특징은 자기중심적 사고를 한다는 것이다. 이를테면 이런 식이다. 숨바꼭질을 할 때 자기 눈만 가리면 다른 사람 눈에도 보이지 않는다고 여긴다. 그래서 위험이 닥치면 모래 속에 제 얼굴만 파묻고는 몸을 다 숨긴 것으로 착각하는 타조처럼 자기 얼굴만 가리고는 다 숨었다고 생각한다. 마냥 귀여워 보이는 이 모습에 자기중심적인 사고가 깃들어 있는 것이다.

또한 모든 것을 자기 위주로 생각하기 때문에 양보와 나누기를 어려워한다. 이 시기의 아이가 "그래, 이거 너 먼저 가지고 놀아"라고 양보하거나 "나는 이것만 있으면 되니까 나머지는 너 먹어"라고 나누는 모습은 상상하기 어려울 것이다. 그리고 이 시기에는 모든 것을 직접 만지고 경험함으로써 이해하기 때문에 자신이 경험하지 않은 것은 이해하지 못한다.

하지만 이 시기는 급격한 인지발달이 이루어지는 시기이기도 하다. 대상과 경험의 의미를 알아내기 위해 상징을 사용하는 능력이 눈에 띄게 커지고, 머릿속에서 필름이 도는 것처럼 다양한 심상을 활용하기도 한다. 아직 논리적으로 생각할 수 있는 인지적 조작은 불가능하지만, 자신에게 주어진 환경의 제한에서 벗어나 다양한 상징을 조작할 수 있게 됨으로써 감각운동의 도식이 상징의 도식으로 변화한다.

이때는 상상이 가능하기 때문에 가상놀이, 즉 가상적인 사물이나 상황을 실제 사물이나 상황인 것처럼 상징화하는 놀이가 가능하고 사물이나 대상을 그림으로 표현할 수 있게 된다.

###  내가 세상의 중심인 아이들

"우리 엄마가 이 구두 사줬다. 예쁘지?"

"저게 뭐지? 왜 움직이지 않지?"

이게 무슨 말인가 싶겠지만 전조작기의 아이들의 대화이다. 이 시기 아이들은 흔히 이런 식으로 이야기를 나눈다. 전조작기 아이들은 의사소통을 하기 위해 언어를 사용한다기보다는 독백과도 같은 자기 말만 한다. 남이야 무슨 말을 하든지 자기 할 말만 하면 그만이다. 자기중심적이기 때문이다. 자기중심성은 전조작기의 대표적인 특징이다. 대화뿐 아니라 생각도 그렇게 한다. 모든 사람이 자신이 보고 있는 대로 세상을 보고 있다고 생각하기 때문에 자신의 관점과 다른 사람의 관점이 존재한다는 사실을 알지 못한다.

그리고 사물의 외관만을 보고 직관적으로 판단한다. 다른 생각을 할 것도 없이 한눈에 보기에 느껴지는 대로 판단하는 것이다. 이를테면 같은 양의 물을 하나는 좁고 높은 모양의 컵에 담고, 하나는 넓고 낮은 컵에 담으면, 아이들은 좁고 높은 컵에 담겨 있는 물이 더 많다고 생각한다. 한눈에 보기에 물의 높이가 두드러져 보이기 때문에 그렇게 판단하는 것이다.

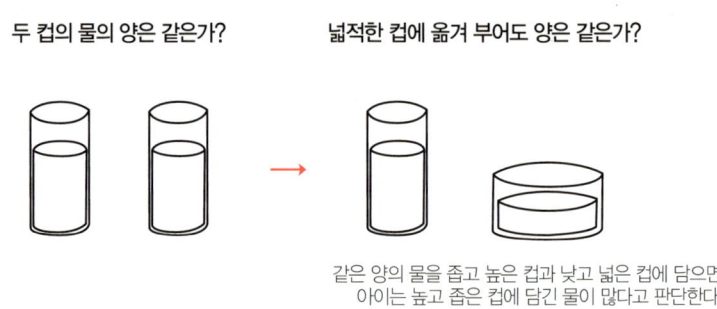

**두 컵의 물의 양은 같은가?**　　　　**넓적한 컵에 옮겨 부어도 양은 같은가?**

같은 양의 물을 좁고 높은 컵과 낮고 넓은 컵에 담으면
아이는 높고 좁은 컵에 담긴 물이 많다고 판단한다.

전조작기란 말 그대로 '조작' 이전의 단계로 이리저리 돌려서 생각하기 이전의 단계라는 뜻을 지니고 있다. 그래서 이때는 다각적인 사고를 하기보다는 한 번에 딱 한 차원만을 보며 판단한다. 길이나 높이, 면적 등 두드러진 특징 한 가지만을 보는 것이다.

TIP

**직관적 사고란?**
엄밀한 논리적 추리 과정을 거치지 않고 문제의 해답을 생각해내는 추리작용을 일컫는다.

## ❤️ 모든 것은 살아 있다?

모든 것이 살아 있다고 생각하는 것도 전조작기의 특징이다. 많은 엄마들이 아이가 넘어지면 장판을 때리면서 "때찌, 때찌. 왜 우리 아이를 아프게 해!"라며 장판을 혼내주곤 한다. 그러면 아이들이 흡족해한다.

그건 두세 살 무렵의 아이들은 장판도 살아 있다고 생각하기 때문이다. 그러다가 네다섯 살이 되면 조금 더 머리가 자라서 '활동성'을 지닌 것만 살아 있다고 생각한다. 그렇다고 생명의 의미를 이해했다는 뜻은 아니다. 같은 무생물일지라도 장판은 움직이지 않으니까 생명이 없지만, 자동차는 움직이니까 살아 있다고 생각하는 식이다. '로보카 폴리' 등 의인화된 장난감이나 만화가 인기를 얻는 이유도 움직이는 것은 살아 있다고 생각하기 때문이다.

**TIP**

**물활론이란?**
모든 사물은 영혼이 있으며 그 영혼이 인간에게 영향을 미친다는 믿음을 물활론이라고 한다.

물활론과 비슷한 맥락으로, 전조작기 아이들은 실재론의 특징도 지닌다. 실재론이란 의식이나 주관적인 대상을 실제로 존재한다고 느끼는 것으로 대표적으로 도덕 실재론과 꿈 실재론을 들 수 있다.

성인의 경우 규칙이란 서로 편하게 살기 위해 인간들이 합의로 만들어낸 개념이라고 생각하지만, 이 시기의 아이들은 규칙이 원래부터 존재했던 것이라고 생각한다. 그렇기 때문에 규칙을 바꿀 수 없는 절대적인 것으로 여긴다. 아이들이 한 번 배운 것을 정말 잘 지키는 이유도 여기에 있다. 보는 사람이 아무도 없는 시골길에서 차도 없는데 혼자 손을 들고 길을 건너는 것이 그 예이다. 엄마 휴대폰을 아빠가 쓰면 울고불고 난리를 치는 것도 같은 이유다. 지금 엄마의 물건은 공장에서 나올 때부터 엄마 것으로 애초에 정해졌다고 생각하기 때문에 다른 사람이 쓰는 것이 용납되지 않는 것이다. 이를 도덕 실재론이라고 한다.

꿈 실재론은 말 그대로 꿈이 정말로 존재한다고 생각하는 것이다. 이 시기 아이들은 환상과 실재를 약간은 구별할 수 있게 되지만, 꿈은 너무나 생생하기 때문에 실제로 일어난 일이라고 여긴다. 이 꿈이 자기 안에서 일어난 일이 아니라 다른 사람도 다 볼 수 있는 일이라고 생각한다. 아이가 잠에서 깨어나서도 꿈속에서 못 벗어나고 "엄마, 나한테 왜 그랬어?"라거나 "저기 옷장에 도깨비 있잖아, 엄마도 봤잖아!"라고 말하는 이유도 거기에 있다.

그리고 이 시기가 지나서 학령기가 되면 자연스럽게 꿈과 현실을 구분하게 되고, 그쯤 되면 산타클로스가 실재하지 않는다는 것도 자연스럽게 알게 된다.

또한 죽음을 자각하기는 하지만 죽음의 세 가지 속성, 즉 비가역성, 생명기능의 부재, 보편성은 이해하지 못한다. 한번 죽은 사람은 다시 살아오지 못하며, 죽는다는 것은 생명이 없어진다는 것이고, 모든 사람은 죽는다는 개념을 이해하지 못한다. 그래서 죽음이란 긴 잠을 자는 것이고 언젠가 다시 깨어난다고 생각한다. 혹은 지금 여기에서 멀리 떠나는 것이라고 여기고 죽은 사람도 생각할 수 있다고 여긴다.

## 집에서는 뭐든지 자기 마음대로 하려는 아이

역할놀이 중에서도 병원놀이를 가장 좋아하는 수진이. 그런데 병원놀이를 하면 항상 의사선생님은 자신이 해야 한다고 고집을 부린다. 대장은 늘 자기가 해야 되고 다른 사람들은 수진이가 하자는 대로 따라주어야만 한다. 그렇게 안 하면 버럭 화를 내기 때문에 어쩔 수 없이 따를 수밖에 없다.

또 장난감을 항상 늘어놓는데, 엄마가 치우려고 해도 치우지 말라고 치우면 안 된다고 화를 내기 일쑤다. 혹시나 어린이집에서도 똑같이 행동할까 싶어서 부모 상담을 하며 확인을 해봤더니 친구들하고는 잘 지내고 정리정돈도 잘하고 규칙도 잘 지킨다는 대답이 돌아왔다. 그런데 왜 집에만 오면 이렇게 화를 내고 고집을 피우는 것일까? 이대로 놔둬도 괜찮은 걸까?

이런 경우는 답이 딱 한 가지다. 눈치가 빨해서 누울 자리를 보고 다리를 뻗는 격이다. 아이들이 이 시기에는 규칙을 잘 지키려고 많은 노력을 기울인다. 그런데 이 규칙이 어른이 생각하는 것처럼 그렇게 보편타당하지는 않다. 유치원에 가면 그곳에 있는 물건은 자기 것이 아니기 때문에 자기 마음대로 할 수 없다는 것을 알고, 선생님이 정리정돈을 시키고 잘하면 칭찬을 해주기 때문에 규칙을 잘 따를 수밖에 없다.

그런데 집에서는 경우가 다르다. 엄마도 마찬가지로 정리정돈을 하라고는 하지만 아이 입장에서는 해도 그만, 안 해도 그만이기 때문이다. 많은 엄마들이 "이거 치워야지! 안 치울 거야?"라고 하면서 아이가 움직이지 않으면 본인이 다 정리하고 치운다. 그렇기 때문에 아이는 굳이 자신이 할 필요가 없다고 느낀다.

놀이를 할 때도 마찬가지다. 또래들과는 주거니 받거니 하면서 노는데, 엄마랑 놀 때는 아이가 시키는 대로 엄마가 수동적으로 놀이에 임하기 때문에 자기 마음대로 하려고 드는 것이다.

이런 경우 엄마가 조금만 더 양육태도를 확실히 하면 문제를 간단히 해결할 수 있다. 아이 스스로 정리정돈을 할 수 있도록 끈질기게 같이 하자고 하는 것이 좋다. 또 아이가 역할놀이를 하면서 선생님이나 의사 역할을 하고 싶어하는 것은 당연하다. 자신은 늘 학생이었으니까 다른 역할을 해보고 싶은 것이다. 그것은 전혀 문제될 사항이 아니다. 그보다는 엄마가 상대 역할을 하면서 보다 적극적으로 상호작용을 하는 것이 중요하다. 보통 엄마들이 수동적으로 놀이에 참여하기 때문에 지루하다는 느낌을 갖는데 보다 적극성을 가지면 아이도 더 재미를 느끼면서 역할놀이에 몰입할 수 있다.

## ♥ 전조작기의 발달을 위하여

이 시기의 특징을 요약해보자면 자기중심성, 직관적인 판단, 물활론적 사고, 도덕적 실재론, 꿈 실재론 등을 들 수 있다. 활동성이 늘어나고 언어적으로도 급속하게 발달하는 이 시기에 어떻게 해야 우리 아이를 가장 잘 이해하며 키울 수 있을까?

### 1. 다양한 가상놀이의 기회를 제공하라

기본적인 사고가 가능하고 약간이나마 상징을 이해하는 시기이기 때문에 이 시기에는 가상놀이, 소꿉놀이 등을 아주 많이 한다. 귀찮다고 여기지 말고, 아이에게 장단을 맞춰주며 함께 놀아주어야 한다. 이러한 가상놀이가 논리적 사고의 기초가 된다는 것을 잊지 말자.

아직 여물지도 않은 두뇌에 선행학습을 시키느라 돈과 시간을 투자하기보다는 아이와 가상놀이를 하며 논리력을 키울 수 있도록 돕는 것이 훨씬 더 도움이 된다. 똑똑한 아이를 만드는 방법은 복잡하고 어려운 데 있지 않다. 아이와 함께 놀아주는 이 시간에 달려 있다.

### 2. 충분한 탐구와 탐색 기회를 제공하라

전조작기 아이들이 가장 많이 하는 말이 하나 있다. 바로 "왜?"이다. 무슨 말을 해도, 무얼 봐도 꼭 "왜?"라는 질문이 따라 다닌다. 너무 "왜, 왜?" 하면서 따라 다니니까 귀찮기도 하고, 때로는 대답할 말이 궁색해서 짜증이 나기도 하겠지만 이 시기의 특징이라는 것을 이해하고 짧은 말로 설명을 해주어야 한다.

아이가 질문을 달고 다닌다는 것은 그만큼 모르는 게 많다는 뜻이다. 그런데 부모들 입장에서는 아이가 말을 곧잘 하니까 앉혀놓고 한참을 설명할 수도 있다. 그런데 10분 정도 지나면 아이는 눈빛이 흐려지고 딴짓을 한다. 이해가 안 되기 때문이다. 이때는 자신이 경험한 것이 아니면 납득을 잘 못하기 때문에 직접 경험하고 스스로 탐구할 기회를 제공해야 한다. 아이들에게 설명을 할 때는 너무 심각하고 진지하게 앞서 나가지 말고 딱 아이들 수준만큼만 해주고, 되도록 자신이 경험해서 답을 알아나갈 수 있도록 유도하는 것이 좋다.

### 3. 일관되고 공감적인 양육을 하라

아기 때보다는 정서분화가 훨씬 잘되긴 하지만, 아직 자기감정을 표현하는 어휘를 그리 많이 갖고 있지 않을 때다. 기껏해야 슬프다, 화난다, 짜증난다, 무섭다 등 네다섯 가지밖에 되지 않는다. 감정을 잘 조절하기 위해서는 다양한 감정 어휘를 알아야 하므로 부모는 아이의 감정을 읽고 이해해주는 역할을 해야 한다.

또한 다양한 곳에 관심이 많아지지만, 스스로 할 수 있는 것은 제한적이기 때문에 한번 화가 나면 참지 못할 때가 많다. 하고 싶은 건 많은데 할 수 없을 때 짜증이 나고 화가 나는 심정은 부모도 십분 이해할 수 있을 것이다. 그렇다고 해서 무조건 오냐오냐 해서는 안 된다. 아이의 발달을 위해서는 무엇이 되고 무엇이 안 되는지를 확실히 가르쳐줘야 한다.

특히 이때는 도덕 실재론이 있기 때문에 한번 규칙을 정해주면 어기지 않고 잘 지킨다. 무엇을 해도 되고, 무엇을 하면 안 되는지 명확하게 알려줌으로써 올바른 행동을 유도할 수 있는 것이다. 이때 중요한 것은 규칙이 일관되어야 한다는 점이다. 어떨 때는 허락해주고 어떨 때는 안 된다고 하면 아이는 제대로 된 기준을 잡을 수 없어서 헷갈릴 수밖에 없다. 이 규칙을 지키면서 아이들은 자기 조절 능력을 습득해나간다.

또한 아이가 금지된 무언가를 하고 싶어할 때는 대안을 제시해줄 필요가 있다. 한 가지에 집중하면 그 생각밖에 못하는 아이에게 그것 말고 비슷한 무엇인가를 제안해주면 된다. 꿩 대신 닭이라고 아이가 흥미를 가질 만한 것을 제시해주는 것이다. 그래야 아이가 자신의 욕구를 화로 분출하지 않고 감정을 조절할 수 있게 된다.

## 4. 주도성과 성취감을 제공하라

이때는 스스로 탐구하고 탐색하고 직접 경험을 통해 배워나가는 시기이다. 그렇기 때문에 이 레슨, 저 레슨 끌고 다니는 것은 큰 의미가 없다. 가만히 앉아서 레슨을 받는 것보다 실제로 아이가 탐험해서 발견하는 성취감, 주도성을 느낄 수 있도록 도와주어야 한다.

### 아이가 자꾸 거짓말을 한다면?

**비난보다 가벼운 훈계가 효과적이다**

"조그만 게 어디서 거짓말이야!"

"얘가 왜 이렇게 거짓말을 하지?"

거짓말을 밥 먹듯이 하는 아이 때문에 속이 뒤집어지는 부모들이 많다. 하지만 전조작기의 아이는 꿈과 현실을 잘 구분하지 못하기 때문에 본의 아니게 거짓말을 하기도 한다. 혹은 자신의 잘못을 감추거나 나쁜 현실을 부정하기 위한 거짓말도 많이 한다.

그러나 미리 거짓말을 해야겠다고 생각하면서 거짓말하는 것은 아니다. 정교한 형태의 거짓말은 이 시기에 아직 나타나지 않는다는 말이다. 만 4세 이전의 아이들은 나쁜 상황이 벌어지면 '이건 아닐 거야'라고 생각하고 자기 뜻대로 그것을 믿어버린다. 자신까지 속이기 때문에 엄마가 "너 거짓말하는 거잖아"라고 말해도 울면서 부정한다.

4세 이상이 되면 자신이 거짓말을 하고 있다는 것은 인지한다. 하지만 나쁜 의도로 거짓말하는 것이 아니고, 자기 딴에는 상황을 개선하기 위한 것이기 때문에 거짓말을 쉽게 포기하지 못한다.

엄마들은 아이가 진실을 말하기를 원하기 때문에 거짓말이라는 생각이 들면 계속해서 추궁을 하거나 유도심문을 하기 쉽다. 하지만 아이 입에서 "거짓말이에요. 잘못했어요"라는 말을 듣기는 쉽지 않다. 오히려 부작용이 나기 쉽다. 이럴 때는 자꾸 캐묻기보다는 "그렇게 하면 안 돼. 다음에는 거짓말하지 마"라는 식으로 간단히 말해주면 된다. 비난하고 떠보는 방식보다는 이렇게 가볍게 훈계하는 것이 아이의 발달에 더 바람직하다.

### 아이에게 필요한 것은 관심과 애정

이때는 "우리 집에 뭐 있다. 나도 일본 다녀왔다. 주말에 놀이동산 갔었다" 등등의 있지도 않았던 일을 이야기하는 형태의 거짓말도 많이 한다. 마치 '우리 집에 황금 송아지가 있다'는 거짓말처럼 말이다.

지나친 정도가 아니라면 크게 걱정할 일은 아닌데, 이런 말을 너무 많이 한다면 평소에 아이에게 관심이 부족하지 않았는가를 생각해봐야 한다. 다른 사람의 관심을 끌기 위해 거짓말을 하는 것일 수 있기 때문이다. 이럴 때는 아이에게 관심을 기울이고 함께 자주 놀아주어야 상황을 개선할 수 있다.

# 04
## LESSON

# 서열화 개념과 보존 개념을
# 이해하는 구체적조작기

세 번째 단계는 7세부터 12세까지인 구체적조작기이다. 이때는 이름 그대로 이리저리 다방면으로 생각을 할 수 있게 된다. 앞서 똑같은 양의 액체를 다른 모양의 컵으로 옮겼을 때 전조작기의 아이들은 높이나 넓이 등 한 가지 특징만을 바라보며 두 컵에 담긴 물의 양이 다르다고 답했다. 하지만 구체적조작기가 되면 그릇의 모양이 달라져도 물의 양은 똑같다는 것을 알게 된다.

같은 양의 물을 다른 모양의 컵에 옮겨 담아도 변하지 않고 똑같다.

질량에 있어서도 마찬가지다. 똑같은 모양의 점토 두 덩어리를 두고 어느 쪽이 더 무거워 보이냐고 물으면 아이들은 똑같다고 대답한다. 이후 한쪽의 모양을 바꾼 후 다시 질문을 던져도 아이들은 두 점토의 무게가 똑같다고 답한다. 모양이 바뀌어도 질량은 변하지 않는다는 사실을 알게 되는 것이다.

모양이 바뀌어도 무게는 달라지지 않는다.

또한 똑같은 수로 준비한 구슬을 두 줄 보여주고 한쪽 줄의 구슬만 간격을 넓힌 후 어느 쪽이 더 많아 보이냐고 물으면 아이들은 똑같다고 답한다. 간격이나 위치가 달라져도 숫자는 변하지 않는다는 것을 아는 것이다. 전조작기 아이들이 구슬의 늘어선 길이만 보고 드문드문 배치한 구슬이 더 많아 보인다고 답한 것과는 확실히 대조되는 반응이다.

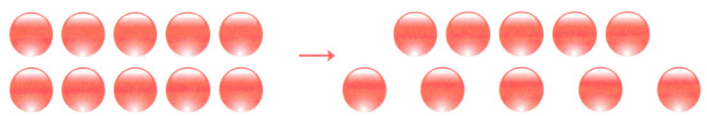

구슬의 간격이 달라져도 숫자는 변하지 않는다는 것을 안다.

이렇듯 구체적조작기의 아이들은 그 모양이 달라져도 양이나 질량, 숫자가 변하지 않는다는 '보존 개념'을 이해한다.

보존 개념에는 세 가지가 있는데 물의 양을 예로 들어 설명해보겠다. 똑같은 두 개의 컵에서 서로 모양이 다른 컵으로 물을 옮겼을 때, 똑같은 데서 나온 물이니까 그 모양이 달라져도 양이 똑같다고 생각하는 것은 동일성이다. 또한 컵의 모양이 하나는 높고 하나는 넓으니까 두 가지 속성이 서로 높이와 넓이라는 두드러진 특징을 상쇄시켜준다는 생각이 보상성이다. 또한 이 물을 처음 상태대로 되돌리면 똑같아진다고 생각하는 것이 가역성이다. 동일성, 보상성, 가역성이라는 세 가지 논리를 획득해야 비로소 보존 개념을 습득할 수 있는데, 이 시기는 이 세 가지 논리를 이해할 수 있게 된다.

뿐만 아니라 이때는 '서열화 개념'도 생긴다. 여러 개의 막대를 놓고 길이 순서로 나열하라고 하면 전조작기 아이들은 이를 어려워한다. 서열에 대한 개념이 아직 없기 때문이다. 반면 구체적조작기 아이들은 막대를 순서대로 손쉽게 배열할 수 있다.

이때는 '분류조작'도 가능해진다. 대상이 여러 차원과 속성에 따라 다양한 방식으로 분류될 수 있다는 것을 이해하는 것이다. 전체와 부분의 관계, 상위와 하위의 관계를 이해하고 색깔, 형태, 방향 등 두 개 이상의 기준을 동시에 고려하여 대상을 분류할 수 있다. 예를 들어 여섯 송이의 튤립과 네 송이의 국화를 가져다놓고 전조작기 아이들에게 "튤립이 많니? 꽃이 더 많니?"라고 물으면 튤립이 많다는 사실에 압도되어 직관적으로 "튤립이요"라고 답한다. 하지만 구체적조작기에 이르면 튤립과 국화가 모두 꽃이라는 범주에 속한다는 것을 고려하고 "둘 다 꽃이니까, 꽃이 많지요"라고 답한다.

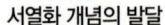
**서열화 개념의 발달**

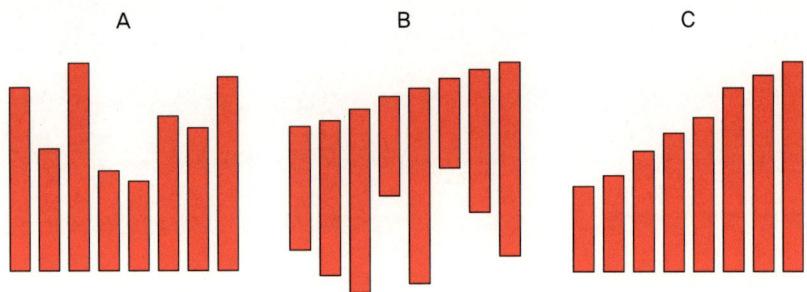

전조작기에는 A나 B처럼 길이 순서대로 막대를 늘어놓는 것을 어려워하지만
구체적조작기에는 C와 같이 길이 순으로 손쉽게 배치할 수 있다.

### 논리적으로 생각하기 시작하는 아이들

이처럼 보존 개념과 서열화 개념을 깨치는 구체적조작기는 여러 가지 차원
에서 논리적 사고가 가능해진다. 그러나 이때도 한계는 있다. 논리적 생각은 자
신이 경험한 것에만 한정된다. 현실을 떠난 추상적인 논리는 어려워하기 때문
에 가설을 세우는 등의 활동은 아직 할 수 없다.

또 다른 특징으로 탈중심화를 들 수 있다. 이전까지는 자기중심성을 지니고
있었지만 구체적조작기가 되면 다른 사람의 입장을 이해하고 헤아릴 줄 알게
된다.

그와 동시에 또래에 대한 관심이 증가하면서 비교의식이 생긴다. '우리 반에
서는 누가 키가 제일 커, 우리 반에서 누가 제일 예뻐, 우리 반에서 누가 수학을
제일 잘해' 하는 식으로 비교를 상당히 많이 한다. 지금까지는 나밖에 몰랐지만
이제부터는 나 이외의 다른 사람이 눈에 들어오기 때문이다.

그렇기 때문에 특히 이때는 부모가 자신의 아이를 다른 아이와 비교하지 않도록 유의해야 한다. 본인 스스로도 그렇게 비교를 하며 스스로를 힘들게 하는데, 부모까지 거들면 아이가 열등감을 느낄 수 있기 때문이다.

또한 이때는 인지적 자만심에 빠지기도 한다. 스스로 할 수 있는 것이 많아지기 때문에 자신이 굉장히 잘났다고 생각하는 것이다. 쉽게 풀 수 있는 문제를 두고 엄마가 "이런 것도 알아?" 하며 놀라면 "당연하지, 엄만 그거 모르지?" 하면서 잘난 척을 하고 으스댄다. 어른이 실수를 하거나 우스꽝스러운 행동을 하면 행복해하면서 자신이 어른보다 낫다는 우월감을 느끼기도 한다. 자신이 어른들보다 더 똑똑하고 지혜롭다고 생각하는 것이 바로 인지적 자만심이다.

자율적 도덕성도 이 시기의 빼놓을 수 없는 특징이다. 전조작기의 도덕 실재론과 비교될 수 있는 특성으로, 규칙이 원래부터 있었던 것이 아니라 서로 합의한다면 새로 만들 수 있다는 것을 알게 된다. 그래서 구체적조작기의 아이들은 규칙이 있는 게임활동을 매우 좋아하고, 놀이를 할 때 규칙을 만드는 것을 재미있어 한다.


## 구체적조작기의 발달을 위하여

구체적조작기는 비약적인 인지발달이 이루어지는 때이다. 배, 비행기, 자전거 등이 모두 다르게 생겼지만 다 교통수단이라는 것을 파악하는 등 사물의 연관성을 이해할 수 있다. 토끼, 호랑이, 거북이 등이 생김새도 특징도 다 다르지만 똑같은 동물이라는 것도 이해할 수 있게 된다. 그렇지만 여전히 현실과 경험을 넘어선 추상적인 개념은 이해하기 어려운 때이기도 하다. 이러한 미묘한 시기에 무엇을 주의해야 하는지 알아보도록 하자.

### 1. 발달 수준에 맞는 교육 경험을 제공하라

모든 것에는 때가 있는 법이다. 무엇을 가르칠 때 가장 효과적으로 아이들이 받아들일 수 있는 때는 따로 있다는 말이다. 그런데도 부모의 욕심 때문에 아이들을 괴롭히는 경우가 너무나 많다.

특히나 구체적조작기는 아이가 학교에 들어가고 본격적인 경쟁이 시작되기 때문에 무엇이든 더 공부를 시키려고 한다. 구체적조작기 이전에도 마찬가지다. 전조작기에는 아이가 제법 숫자 개념도 생기고 간단한 영어 회화도 하니 부모는 이때다 싶어서 이것저것 공부를 시킨다. 하지만 지나친 선행학습은 아이에게 부담만 줄 뿐 효과를 거두기 어렵고 오히려 부작용을 초래할 수 있다. 특히 영어 문법은 고도의 상징을 조작해야 하는 어려운 영역이다. 이 시기 아이들에게 상당히 부담이 될 수밖에 없다.

아이들의 뇌는 결코 마법 주머니가 아니다. 어릴 때는 아이들이 스펀지처럼 흡수한다면서 이것저것 지식을 머릿속에 집어넣으려고 하는데 스펀지도 감당하지 못할 만큼이 되면 찢어지기 마련이다. 용량이 작은 컴퓨터에 소프트웨어를 많이 깐다고 생각해보자. 결국에는 부팅하는 데도 한참이 걸리고, 과부하가 걸려서 할 수 있는 것도 멈춰버릴 수 있다.

구체적조작기가 되면 안 그래도 자신에게 버거운 학습을 많이 하게 된다. 초등학교 3학년쯤 되면 사회, 과학 등의 맥락을 이해하고 추론해야 하고 어려운 수학의 개념도 이해해야 한다. 그렇기 때문에 선행학습을 하기보다 기초 개념을 충분히 이해할 수 있도록 도와줄 필요가 있다.

### 2. 충분한 휴식과 즐거움의 기회를 제공하라

이때 아이들은 자신들에게 결코 쉽지 않은 학습 개념을 이해해야 한다. 그렇기 때문에 이를 이해하고 소화할 수 있는 시간을 충분히 줘야 하고 스트레스를 풀 수 있도록 도와줘야 한다. 이때는 규칙을 만들고 규칙이 있는 게임을 하면서 즐거움을 느끼기 때문에 과녁 맞추기, 달리기, 카드놀이, 보드게임 등을 하면서 스트레스를 푸는 것도 좋다.

### 3. 또래들과의 상호작용 경험을 제공하라

탈중심화가 일어나고 자율적인 도덕성이 형성되는 시기이기 때문에 부모가 이래라저래라 하기보다 아이들이 스스로 결정하고 판단할 수 있도록 지도해줄 필요가 있다. 이 시기 아이들은 규칙이란 원래 정해진 고정불변의 것이 아니라 상호이익과 상호협의에 따라 만들 수 있다고 생각하는데, 부모가 이것저것 지시하면 자율적인 도덕성이 발달하지 못한다. 탈중심화와 자율적 도덕성은 또래들과의 상호작용 기회가 많을수록 더욱 발달하기 때문에 또래들과 어울릴 기회를 많이 제공하는 것이 좋다.

또 하나 유의할 점은 탈중심화가 곧바로 배려나 공감으로 발달되지는 않는다는 것이다. 나이가 들었다고 저절로 생기는 능력이 아니라 본인이 공감을 많이 받고, 부모가 '저 친구는 저래서 그랬나 봐', '엄마는 이러저러해서 마음이 어때'라는 식으로 감정표현을 잘 해주어야 아이도 공감과 배려를 제대로 습득할 수 있다.

### 4. 권위 있는 부모의 역할을 하라

이 시기에 스스로 잘난 척을 하고 때때로 어른들보다 낫다고 생각하는 것을 어느 정도는 허용해줄 수 있다. 하지만 어른들이 결정해야 할 사항까지 아이에게 물어보는 것은 지양해야 한다.

"우리가 이사를 가려고 하는데 너는 갔으면 좋겠니, 안 갔으면 좋겠니?"라든가 "엄마가 아빠랑 도저히 못 살겠는데, 어떻게 할까? 네 의견을 따를게"라는 식으로 인생의 중요한 문제까지 아이에게 상의하면 아이는 자신이 부모를 비롯해 대부분의 어른보다 우월하다고 생각하고 어른을 무시할 수 있다. 아이의 의견을 존중하되, 부모가 할 일은 제대로 하는 권위 있는 부모의 역할을 반드시 해주어야 한다.

**좋은 대학에 보내고 싶다면 직접 데리고 가라**

아직 초등학교 시기인 구체적조작기에 대학진학에 대한 이야기를 하기는 조금 이른 감이 있지만, 대한민국에서 자녀를 키우는 부모에게 진학과 관련된 이야기는 빼놓을 수 없는 민감한 부분이기도 하다. 좋은 대학에 간다고 '좋은 인생'을 사는 것은 아니지만 누구나 자신의 아이가 좋은 대학에 가서 더 많은 것을 경험하고 배우기를 바란다.

그런데 초등학교 때부터 지나치게 경쟁에 노출시키고 공부만 파고들라고 강요한다고 해서 좋은 대학에 갈 수 있는 것은 아니다. 이때는 오히려 '눈에 보이는 구체적인 사물이나 직접 경험한 것이어야 잘 이해할 수 있다'는 구체적조작기의 특징을 활용하는 것이 더 효과적이다. 아이로서는 '좋은 대학'이 도대체 무엇인지 알 수가 없는데, '좋은 대학에 가려면 열심히 공부해야 한다'는 말이 와 닿을 리가 없다. 아이에게 좋은 대학이 무엇인지 알려주려면 구체적인 장소에 데리고 가야 한다.

이 시기의 아이는 넓은 캠퍼스, 운동장보다 몇 배나 큰 잔디밭, 줄지어 늘어선 으리으리하고 세련된 건물들, 대형 강의실, 다양한 메뉴가 구비된 식당 등등을 보면 눈이 휘둥그레지기 마련이다. 아이들에게 좋은 대학이란 바로 이런 대학이다. 아이에게 책상머리에 앉아서 공부만 하라고 시킬 것이 아니라, 괜찮은 대학을 함께 한 바퀴 돌아보는 것이 훨씬 더 동기부여가 된다. 직접 경험하면 '나도 좋은 대학에 가고 싶다'는 욕구가 생긴다. 직접적인 경험이 구체적인 욕구로 발현되는 것이다.

## 05
**LESSON**

추상적 사고가 가능한
형식적조작기

마지막 단계는 12세 이후인 형식적조작기이다. 이때는 구체적조작기 때는 하지 못했던 추상적인 사고가 가능해진다. 예를 들어 "만약 눈이 하나 더 생긴다면 어디에 있었으면 좋겠어?"라고 물었을 때 구체적조작기의 아이들은 이마나 눈썹 사이 등을 말하는데, 형식적조작기 아이들은 손이나 발이라고 대답한다. 형식적조작기에는 만약 손에 눈이 있다면 좁은 곳이나 높은 곳 등 얼굴에 있는 눈으로 보지 못하는 곳까지 볼 수 있겠다는 생각을 할 수 있게 된다.

이러한 차이가 나타나는 이유는 구체적조작기에는 '눈은 얼굴 안에 있어야 한다'는 경험적 제한을 두고 생각하지만, 형식적조작기에는 논리적인 추론과 기발한 발상이 가능해지기 때문이다. '눈이 꼭 얼굴에 있을 필요는 없지. 이왕에 생긴다면 정말 편리한 곳에 있으면 좋겠어. 평소에 책상 밑이나 침대 밑에 뭐가 떨어지면 엎드려서 고개를 쭉 빼고 살펴보느라 얼마나 불편했는데! 손바닥에 눈이 있다면 정말 쉽게 떨어진 물건을 찾을 수 있지 않을까? 이런 식으로 나름의 논리를 세우고 새로운 생각을 할 수 있는 단계가 바로 형식적조작기이다.

이때는 자유, 사랑, 정의와 같은 현실의 세계를 넘어선 추상적인 개념을 자유롭게 생각하고 이해할 수 있고, 경험하지 못한 것까지 생각할 수 있게 된다. 이때는 구체적으로 관찰이 가능하거나 실제적인 것에 얽매이는 사고를 지양하고 대상의 구체적인 존재여부와 상관없이 형식논리에 의해 대상에 대해 사고한다. 현실적으로는 사실이 아닐지라도 논리적으로 타당하면 받아들인다. 사회, 정치, 종교, 철학적 개념과 같은 추상적 상징과 은유를 많이 사용하고, 자기성찰이 많아진다.

또한 가설을 검증하고 문제를 해결하기 위해 여러 가지 조건을 조합해서 생각할 수 있게 된다. 형식적조작기의 이러한 발달을 알아보기 위해 피아제(Piaget)와 인헬더(Inhelder)는 함께 실험을 하기도 했는데 그 내용은 다음과 같다.

···→ '진자문제'를 통해 알아본 구체적조작기와 형식적조작기의 차이

① 구체적조작기와 형식적조작기 아이들에게 진자가 움직이는 모습을 보여준다.

② 각각의 아이들에게 '진자가 일정 시간 동안 왔다 갔다 하는 횟수에 영향을 끼치는 요소는 무엇일까?' 하는 질문을 던진다.

③ 그 답으로 '실의 길이', '물체의 무게', '물체를 미는 힘', '물체를 손에서 놓는 높이', '모두 다'라는 다섯 개의 보기를 제시한다.

위 문제를 풀려면 네 가지 요소 중 한 가지 요건만 변화시키고 나머지는 일정하게 유지하는 과정을 거쳐야 한다. 그래야 어떤 것이 횟수에 영향을 미치는지 알아낼 수 있기 때문이다. 실험 결과 구체적조작기의 아이들은 때로 합리적인 가설을 설정하기도 하지만, 체계적인 검증 능력이 부족해서 시행착오를 겪고 잘못된 결과를 도출하였다. 이를테면 '실의 길이가 진동 횟수에 영향을 줄 것이다'라는 올바른 가설을 설정하고도 무게를 일정치 않게 하고 검증을 해서 올바르지 않은 결론을 내는 식이다.

반면 형식적조작기 아이들은 문제해결을 위해 체계적으로 계획을 세우고 해결책을 도출해냈다. '실의 길이'가 진동 횟수에 영향을 미칠 것이라고 생각하고 물체의 무게를 일정하게 하여 이 가설을 검증해내고 '실의 길이만이 진자의 진동 횟수에 영향을 준다'는 적절한 결론을 도출해낸 것이다. 이처럼 형식적조작기에는 합리적이고 체계적이고 추상적인 사고가 가능해진다.

## 형식적조작기는 제2의 유아기

그리고 또 한 가지, 형식적조작기의 특징을 말하자면 자기중심적 사고를 들 수 있다. 자기중심적 사고는 이미 구체적조작기에 졸업한 것 아니냐고 생각할 수 있을 것이다. 자기중심성은 전조작기의 주된 특징이었는데 이때 다시 자기중심성이 도래한다.

이러한 유사성으로 인하여 전조작기를 제2의 사춘기, 형식적조작기를 제2의 유아기라고도 부르는 것이다. 형식적조작기 중에서도 청소년 시기인 만 12

세에서 15세 사이에 이러한 현상이 두드러지는데, 여기에는 두 가지 요소가 작용한다.

첫 번째는 상상적 청중이다. 이때는 자의식이 커지면서 모든 사람이 자신을 쳐다본다고 생각한다. 그래서 머리 모양 하나에도 온갖 공을 들이고 옷도 브랜드 옷을 입고 싶어한다. 길을 가도 수업을 들어도 사람들이 다 자신을 쳐다본다고 생각하니, 외모에 신경을 쓰지 않을 수 없는 것이다. 또한 이때는 자살을 많이 생각하는데, 이러한 특징 또한 상상적 청중에서 비롯된다. 누군가가 자신을 괴롭히면 아이들은 '내가 죽는다면 그 사람이 어떨까' 등등의 상상을 하며 자살을 시도하기도 한다. 상상적 청중이란 한마디로 항상 누군가가 자신을 지켜보고 있으며 관심을 가지고 있다고 믿는 것이다. 그렇기에 자기중심성이 발달할 수밖에 없다.

또 하나는 개인적 우화이다. 이는 자신이 특별한 존재라고 생각하고, 그렇기 때문에 다른 사람은 몰라도 자신에게는 나쁜 일이 생기지 않을 것이라고 착각을 하는 현상을 말한다. 면허가 없으면서도 운전을 하는 겁 없는 행동을 하고, 성관계를 하더라도 자신은 임신이 되지 않을 것이라고 근거 없는 낙관을 하고, 헬멧을 쓰지 않아도 자기만은 죽지 않을 것이라고 생각한다. 이렇듯 상상적 청중과 개인적 우화는 형식적조작기의 자기중심성을 강화한다.

또한 이때는 갑자기 예전 일을 들먹이면서 부모를 원망하거나 화를 내는 경우도 늘어난다. 어렸을 때는 무슨 일인지 미처 개념화하지 못했던 것들이 정리되기 시작하기 때문이다. 부모로서는 추측하기 어려운 이유를 대면서 벌컥 화를 내거나 원망을 할 수 있는데, '얘가 대체 왜 이러나' 하면서 같이 화를 내기보다 '예전에 그런 일이 있었구나, 아이가 마음에 담아뒀었구나'라고 이해해줄 필요가 있다.

형식적조작기에는 이상향을 추구하기 때문에, 이상적인 부모를 만들어놓고 자신의 부모와 사사건건 비교를 하기도 한다. 자신의 이상향 속에 있는 부모와 현실의 부모를 비교하면 당연히 현실의 부모가 부족하고 모자라 보일 수밖에 없다. 그래서 이때 부모를 무시하고 반항하고 화를 내는 경향이 많아지는 것이다.

또한 양심이 발달하기 때문에 잘못을 저지르면 죄의식에 시달리기도 한다. 하지만 자기중심성이 강하기 때문에 주변 사람들 탓을 하고 화를 냄으로써 죄의식을 씻어내려고 한다.

### 가정불화에 대한 아이들의 태도가 다른 이유

부모의 별거나 이혼 같은 가정불화에 대한 아이들의 태도는 발달 수준에 따라 상이하다. 유아기나 전조작기의 아이들은 이를 자신의 탓이라고 생각하며 죄책감을 갖는다. 반면 사춘기 아이들은 훨씬 강하게 부정적인 감정을 드러낸다. 이는 이 시기의 특징인 상상적 청중 때문이다. 모든 사람들이 자신을 다 알고 있고 보고 있다고 생각하기 때문에, 아이는 이혼뿐 아니라 이혼을 하게 된 불미스러운 사건들에 대해서도 다른 사람들이 다 알고 있을 거라고 여긴다. 자신의 가정사를 다른 사람이 다 알고 있다고 생각하면 창피할 수밖에 없고, 또 그렇게 치부를 드러나게 한 부모에 대한 원망감이 심해질 수밖에 없다.

## 🌱 형식적조작기의 발달을 위하여

이 시기는 아이들과 부모의 갈등이 가장 심한 시기이기도 하다. 겉으로 볼 때는 다 큰 것 같고, 사고력도 다 발달한 것 같기 때문에 부모는 아이가 어른스러운 모습을 보이기를 원한다. 하지만 아이는 나름대로 내부적인 갈등을 겪으며 부단히 어른이 되어가는 과정 중에 있음을 알 필요가 있다.

자기중심성이 강해지고 화나 짜증이 늘고 주변 사람을 탓하는 현상은 형식적조작기에 겪는 자연스러운 현상이므로 지나치게 걱정하거나 속을 끓이지 말고 지켜보며 기다려줘야 할 필요가 있다. 그렇다면 어떻게 해야 우리 아이들이 이 폭풍 같은 시기를 잘 지내고 건강한 성인이 될 수 있는지 구체적인 방법을 알아보자.

### 1. 일관성 있는 경험을 제공하라

이때는 자신에 대한 정체성을 세우는 시기이기 때문에 일관성 있는 경험이 매우 중요하다. 자신과 관련된 다양한 갈등과 고민이 많아서 자아정체감의 위기를 겪기도 한다.

자아정체감이란 자기 자신의 독특함에 대해 안정적인 느낌을 갖는 것으로, 대부분의 심리학자들은 정체감의 위기를 극복하고 자아정체감을 형성하는 것을 이때의 주요한 과업으로 여긴다. 그러므로 가치 있는 행동과 기준, 자신의 능력 및 성 역할 등에 관해 일관된 경험을 할 수 있도록 돕는 것이 이 시기 발달에서 가장 중요하다.

학교에서는 원칙을 중요시하는데, 집에 오면 현실과 타협하는 모습을 보여주거나 하면 가치관에 혼동이 올 수 있기에 바람직한 가치관을 형성할 수 있도록 도와야 하고, 다른 사람이 바라보는 아이와 가족들이 바라보는 아이 사이에 괴리감이 없도록 아이를 존중해주는 것도 매우 중요하다.

## 2. 자녀의 스트레스를 이해하고 수용적인 양육태도를 지녀라

이때는 내적 갈등도 많고, 생각도 많은데다가 고려해야 할 사항도 폭발적으로 늘어나기 때문에 스트레스를 많이 받을 수밖에 없다. 아이가 반항을 하거나 짜증이 늘고 까칠하게 굴어도 같이 화를 내거나 맞받아치지 말고 이해하고 받아들여주는 양육태도를 지녀야 한다. 아이는 아직 어른이 아니고, 어른이 되는 힘든 과정 중에 있다는 것을 이해해야 한다.

## 3. 모델링 역할을 하라

자녀는 가치관, 신념, 태도 등 모든 면에서 부모를 모방하기 때문에 바람직한 부모의 역할을 해주어야 한다. 자녀가 엇나간다고 해서 부모까지 될 대로 되라는 식으로 자포자기하면 제대로 된 발달을 할 수가 없다.

**아빠와의 놀이가 인지발달을 돕는다**

아이의 모든 발달에 있어서 가장 중요한 것은 아이가 '우리 엄마 아빠는 나를 사랑해' 라고 믿는 것이다. 아주 어린 영아기 이후에는 이러한 애정을 '놀이'로 표현해주는 것 이 가장 좋다. 엄마와의 놀이는 정서발달에 도움을 주고 아빠와의 놀이는 우뇌발달에 도움을 주는 것으로 알려져 있다. 엄마들은 아이가 가지고 있는 공격성이나 에너지를 감당하기 어려울 때가 많다. 이를 엄마가 잘 받아주지 않을 때 아이들은 에너지를 발 산할 수 있는 통로가 부족해져서 공격성향이 커지거나 난폭한 행동을 보이기도 한다. 아빠와의 놀이는 팔다리를 사용하는 동적인 놀이가 많다. 이러한 대근육을 사용하는 신체활동은 우측 대뇌를 자극하는 효과적인 방법이다. 특히 8세 이전에 우뇌가 발달하 는 시기에는 엄마와의 놀이보다 아빠와의 놀이가 좋다. 보통 아빠들은 비행기놀이, 간 지럼 태우기 등 10분이면 가지고 있는 놀이 방법이 다 떨어져서 놀아주고 싶어도 어떻 게 놀아줘야 할지 모르겠다며 하소연을 하기도 하는데 일단은 진심으로 놀아주는 것 이 가장 중요하다. 다음은 아빠가 시도해볼 만한 간단하고 유용한 놀이 방법이다.

① 풍선배드민턴
흔히 구할 수 있는 세탁소 옷걸이를 마름모 모양으로 구부려서 스타킹을 씌운다. 이 를 라켓으로 사용하고 셔틀콕 대신 풍선을 이용하면 집안에서도 미니 배드민턴을 즐 길 수 있다. 대근육을 사용한 우뇌 자극은 물론 빠른 셔틀콕에 반응하지 못하는 아이 들이 느린 풍선을 눈으로 쫓으며 시각인지기능을 발달시킬 수 있다.
② 눈 가리고 아빠 찾기
③ 빈 상자로 집 만들기
④ 신문지놀이(찢기, 구기기)

참고: 〈국민일보〉 쿠키뉴스

# 인지발달
# 체크리스트

다음은 인지발달에 대한 체크리스트이다. 각 월령별로 아이가 이루어야 할 인지발달의 과제를 정리해놓았으니 아이가 각 과제를 수행하면 동그라미, 가끔 하면 세모, 못 하면 엑스로 체크해보기 바란다. 몇 가지가 늦어지는 것은 조바심을 낼 일도, 크게 걱정할 사항도 아니지만 엑스가 지나치게 많다면 전문가와 상의를 해보기 바란다.

### 0~6개월

| 인지발달 과제 | 체크 |
|---|---|
| 흥미로운 물체를 응시한다 | |
| 이야기하고 있는 사람을 응시한다 | |
| 큰 소리가 나면 깜짝 놀란다 | |
| 소리 나는 쪽으로 머리를 돌린다 | |
| 물체나 사람이 있다가 없어지면 없어진 곳을 계속 쳐다본다 | |
| 아이가 누워 있을 때 두 개의 장난감을 보여주면 두 개의 장난감을 번갈아 쳐다본다 | |
| 부분적으로 숨겨진 물체를 찾아낸다 | |
| 평소에 싫어하거나 무서워하는 물건을 보여주면 밀쳐버리거나 운다 | |
| 손에 닿지 않는 곳에서 구르고 있는 물체를 쳐다보고 잡으려고 한다 | |
| 아이가 누워 있을 때 자신이 볼 수 있는 곳에 장난감을 떨어뜨리면 그것을 가지려고 한다 | |

| | |
|---|---|
| 앉혀 놓았을 때 자신 앞에 있는 딸랑이를 흔들어서 소리를 낸다 | |
| 특별한 요구를 표시하기 위해 상황에 따라 다른 형태의 울음을 보인다 | |
| 손에 장난감을 쥐어주면 그것을 입에 가져간다 | |
| 아이의 얼굴 앞에서 작은 장난감을 천천히 위아래로 움직이면 장난감을 따라 눈이 움직인다 | |
| 아이가 누워 있을 때 장난감을 위에서 흔들어주면 장난감을 향해 팔을 흔든다 | |
| 아이가 장난감을 바닥이나 탁자에 두드리면서 논다 | |
| 아이가 장난감을 한 손에서 다른 손으로 옮겨 쥔다 | |

## 7~12개월

| 인지발달 과제 | 체크 |
|---|---|
| 장난감을 집어서 입으로 가져간다 | |
| 작은 장난감 두 개를 양손에 한 개씩 들어서 1분 정도 가지고 논다 | |
| 손에 잡은 장난감으로 탁자 또는 바닥 위의 다른 장난감을 두드린다 | |
| 장난감을 수건으로 덮으면 들추어서 찾아낸다 | |
| 기능이 다른 두 가지 장난감을 가지고 적절히 논다(딸랑이 흔들기, 누르면 소리 나는 장난감 누르기) | |
| 통 속에 있는 장난감을 사용하기 위해 통을 쏟는다 | |
| 최소한 3분 동안 동일한 장난감을 가지고 논다 | |
| 양손에 작은 물건을 잡고 박수를 치듯이 서로 부딪힌다 | |
| 상자나 그릇에 작은 장난감을 하나씩 넣는다 | |
| 종이에 긁적이는 어른의 모습을 보고 크레용으로 모방한다 | |
| 항상 있던 장소에 장난감이 없거나 눈에 보이지 않으면 적극적으로 찾는다 | |
| 아이가 보는 데서 장난감을 상자 속에 감추면 장난감을 찾아낸다 | |
| 그림책이나 그림 카드에서 좋아하는 그림이 나타나면 눈을 움직인다 | |
| 동요가 나오면 리듬에 맞추어 몸을 흔든다 | |

## 13~18개월

| 인지발달 과제 | 체크 |
|---|---|
| 작고 투명한 병(플라스틱 음료수 병, 우유 병)에 빵조각이나 콩 크기의 과자를 넣는다 | |
| 손가락이나 막대 또는 비슷한 도구를 사용하여 손이 닿지 않는 곳에 있는 작은 장난감을 가지려고 시도한다 | |
| 상자나 그릇 같은 용기 안에 장난감을 여섯 개 이상 넣는다 | |
| 포개지는 장난감을 가지고 놀면서 작은 장난감을 조금 큰 장난감 속에 넣을 수 있다 | |
| 인과관계를 이해해서 장난감을 켤 수 있다 | |
| 책을 거꾸로 놓지 않고 똑바로 놓고 본다 | |
| 평소에 즐겨 보고 좋아하는 그림책이 있다 | |
| 장난감을 들고 여러 장난감 중에서 똑같은 장난감을 찾아보라고 하면 찾아낸다 | |
| 작은 과자를 병에 넣은 다음에 다시 꺼내려고 의도적으로 병을 거꾸로 든다 | |
| 크레파스를 주면 시범을 보이지 않아도 혼자 여러 방향으로 낙서를 한다 | |
| 크레파스 등으로 종이 위에 직선을 그리는 시범을 보여주면 어떤 방향이든 선 하나를 그린다 | |

## 19~24개월

| 인지발달 과제 | 체크 |
|---|---|
| 특정한 사물을 본래의 용도 이외로 사용한다(컵을 귀에 대고 전화인 척, 상자를 모자인 척) | |
| 아이가 아는 물건을 가져오라고 하면 평소에 어디에 있는지 알아서 가지고 온다 | |
| 손이 안 닿는 곳에 있는 물건을 꺼내기 위해 막대기를 사용하거나 높은 곳에 있는 물건을 꺼내기 위해 의자를 사용한다 | |
| 통 속에 있는 장난감을 꺼내기 위해 뚜껑을 연다 | |
| 도움 없이 혼자서 5~10분간 여러 장난감을 가지고 논다 | |
| 아이에게 병, 숟가락, 연필 등을 거꾸로 주면 아이가 돌려서 적절히 사용한다 | |
| 일반적인 위험을 피한다(깨진 유리, 높은 곳, 뜨거운 곳, 큰 동물 등) | |

| 간단한 동작을 보여주면 적어도 한 가지 이상을 따라 한다(입 벌렸다가 다물기, 귓불 잡아당기기, 눈 깜빡이기 등) | |
| --- | --- |
| 블록이나 자동차와 같은 물건 네 개를 한 줄로 놓는 시범을 보여주면 적어도 두 개 이상을 옆으로 늘어놓는다 | |
| 물건을 제자리에 가져다 놓는다(장난감은 장난감 통에, 이불은 장롱에, 접시는 부엌에) | |
| 블록이나 자동차 같은 물건 네 개를 한 줄로 늘어놓으면 따라서 네 개를 옆으로 늘어놓는다 | |

## 25~30개월

| 인지발달 과제 | 체크 |
| --- | --- |
| 크다, 작다를 이해한다 | |
| 5~10분간 책을 읽어주면 듣는다 | |
| 동그라미, 세모, 네모를 같은 것끼리 짝 짓는다 | |
| 빨강, 파랑, 노랑, 검정, 초록 중에 네 개의 색깔을 말한다 | |
| 역할놀이를 한다(요리하기, 전화놀이, 가게놀이, 학교놀이 등) | |
| 도형 판에 동그라미, 세모, 네모를 끼워 넣는다 | |
| 두 개의 숫자를 말한 후 아이에게 따라 하도록 하면 두 개의 숫자를 바른 순서대로 말한다 | |
| 간단한 낙서라고 해도 그림을 그리고 난 뒤에 엄마에게 무엇을 그렸다고 말한다 | |
| 블록이나 구슬을 한두 개 달라고 하면 정확한 숫자대로 준다 | |
| 아이가 거울을 보고 있을 때 'OO이는 어디에 있나?'라고 물으면 거울 속의 자기를 가리킨다 | |

**31~36개월**

| 인지발달 과제 | 체크 |
|---|---|
| 사물의 그림 중에서 일부분을 보여주면 무엇인지 말한다 | |
| 길이가 다른 선을 보여주면 길고 짧은 것을 선택하여 적절하게 대답한다 | |
| 어른의 도움 없이 10~20분간 놀 수 있다 | |
| 음식을 먹는 흉내, 요리하는 흉내, 기침하는 흉내 등을 내면서 가상놀이를 한다 | |
| 놀이에서 좀 더 복잡한 사건들을 표현한다(유모차, 장난감 수레 등으로 시장놀이하기, 인형을 가지고 병원놀이하기 등) | |
| 4~5조각의 퍼즐을 완성한다 | |
| 자신의 성별을 묻는 질문에 정확하게 대답한다 | |
| 빨강, 노랑, 파랑, 초록, 갈색, 흰색, 검정, 분홍 등에서 색 이름을 말하면 최소 다섯 가지를 지적한다 | |
| 숫자 중에서 1을 골라낸다 | |
| 블록이나 자동차 등을 네 개 정도 옆으로 나열하는 시범을 보이면 네 개 이상 나열할 수 있다 | |
| 숫자 두 개 이상을 말해주면 두 개의 숫자를 정확하게 기억하며 따라 말할 수 있다 | |
| 사람 형태의 그림을 그려 보이면 관련된 용어를 대답할 수 있다(엄마, 아빠, 눈사람 등) | |
| 동그라미, 가로선, 세로선을 따라 그릴 수 있다 | |
| 그림이나 사물을 보고 같은 것과 다른 것을 구분하여 찾을 수 있다 | |

**37~48개월**

| 인지발달 과제 | 체크 |
|---|---|
| 크기가 다른 도형 세 가지를 보여주고 질문하면 가장 작은 것을 찾아 지적할 수 있다 | |
| 아이에게 숫자 세 개 이상을 말한 후 따라 말하도록 하면 세 개 이상을 정확한 순서로 말할 수 있다 | |
| 앞에 놓인 물건 다섯 개를 순서대로 셀 수 있다(1, 2, 3, 4, 5 혹은 하나, 둘, 셋, 넷, 다섯) | |
| 여섯 조각으로 된 퍼즐을 정확하게 맞출 수 있다 | |
| 세 부분 이상으로 구성된 사람을 그릴 수 있다 | |
| 여러 가지 물건을 보여주고 무슨 색이냐고 물으면 서로 다른 색 이름 다섯 가지 이상을 말할 수 있다 | |
| 분장을 하고 다른 사람이나 물건인 것처럼 역할을 한다 | |
| 손으로 가리키지 않고 아래, 사이, 가운데를 말하면 위치를 알고 정확한 위치에 물건을 놓을 수 있다 | |
| 십자 모양 등 간단한 도형을 보고 그릴 수 있다 | |
| 과일, 동물, 먹을거리 등 같은 분류에 속하는 것을 세 가지 이상 구분하여 말할 수 있다 | |
| 일상 사물의 특징이나 기능에 대해 알고 설명할 수 있다 | |
| 그림책을 보고 그림에서 표현하는 일이나 행동을 알고 이야기로 표현할 수 있다 | |
| 이름을 물으면 성과 이름을 모두 대답할 수 있다 | |
| 블록으로 간단한 상징물을 만들어 보이면 따라 만들 수 있다(터널, 의자 등) | |

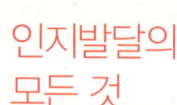

# 인지발달의
# 모든 것

앞서 살펴본 인지발달 단계별 특징과 양육 방법을 하나의 표로 정리해보았다. 내 아이의 발달 정도가 어떠한지, 왜 그런 행동을 하는지 이해할 수 있는 지침이 되어줄 것이다. 더불어 각 단계에서 무엇을 유의해야 하는지도 놓치지 말고 재점검해보기 바란다.

모든 단계는 성숙의 요인이 첫 번째로 선행되어야 한다. 특정 능력은 그 나이가 되어야 발달이 된다는 뜻이다. 몇 개월은 발달을 앞당길 수 있을지 몰라도 1~2년까지는 결코 앞당길 수 없다. 그러므로 너무 성급하게 아이를 재촉하거나 괴롭히지 말고 느긋한 마음을 가져야 한다. 발달의 최적기, 즉 민감기를 알면 가장 효율적으로 학습을 시킬 수 있다. 받아들일 준비가 되었을 때 가르쳐야 가장 쉽고 빠르게, 그리고 재미있게 배울 수 있다는 뜻이다. 내 아이의 인지발달 단계를 살펴서 최적기에 필요한 것을 교육할 수 있어야 하겠다.

|  | 특징 | 이렇게 해주세요 |
|---|---|---|
| 감각운동기(0세~2세) | 감각과 운동을 통해 세상을 이해, 말의 시작, 대상 영속성의 획득, 수단과 목적관계 이해, 독립심, 정체감 획득 | 충분한 경험과 탐색의 기회 제공, 모델링, 언어적 자극 제공, 안정적인 애착 경험 제공 |
| 전조작기(2세~7세) | 기본적 사고는 가능하나 아직 개념적 조작 능력 미숙, 상징적 활동 증가, 직관적 판단, 자아중심성, 물활론적 사고, 실재론(도덕, 꿈) | 다양한 가상놀이 기회 제공, 충분한 탐구와 탐색 기회 제공, 일관성과 공감적인 양육, 주도성과 성취감 제공 |
| 구체적조작기(7세~12세) | 논리적인 사고 조작 가능, 보존 개념 획득(동일성, 보상성, 가역성), 탈중심화, 자율적 도덕성, 연관성의 이해 | 발달 수준에 맞는 교육 경험 제공, 충분한 휴식과 즐거움의 기회 제공, 또래들과 상호작용 경험 제공 |
| 형식적조작기(12세~) | 현실적 세계를 넘어 추상적 사고 가능, 상징적 추론, 조합적 사고, 연역적 사고, 이상향 추구, 자기중심적 사고의 재도래(상상적 청중, 개인적 우화) | 일관성 있는 경험 제공, 자녀의 스트레스에 대한 이해, 수용적인 양육태도, 모델링 |

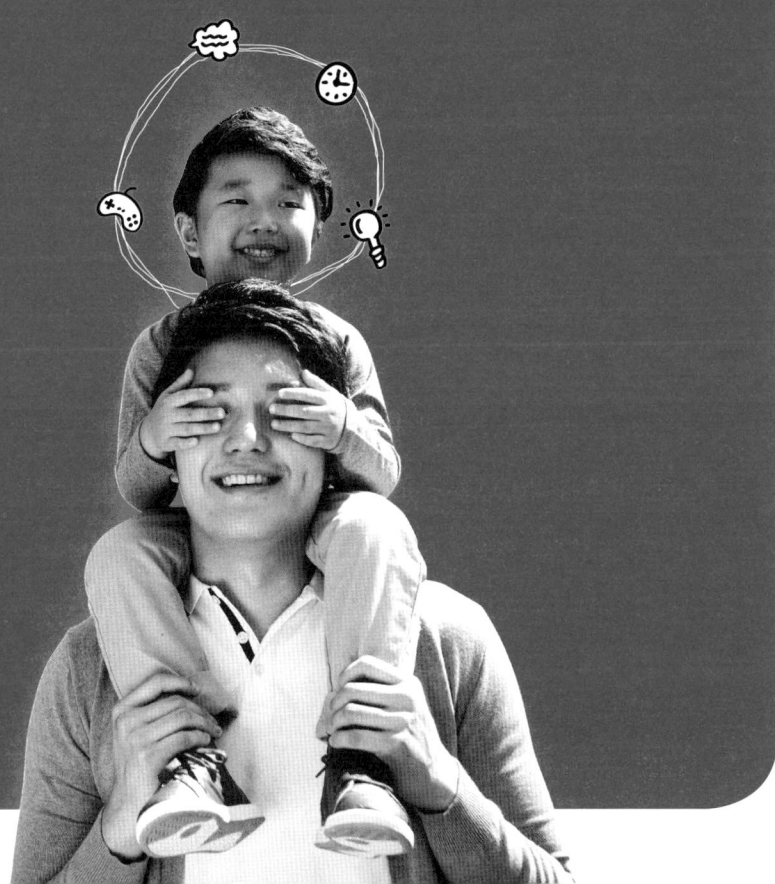

PART
**3**

# 자기조절 능력이
# 내 아이의 성공을
# 결정한다

# 01
## LESSON

# 기다릴 줄 아는
# 아이가 성공한다

마시멜로 실험이라는 유명한 실험이 있다. 스탠포드대학교에서 만 4세 아이들을 수백만 명 모아놓고 앞에 마시멜로를 하나 주고는 "지금 당장 먹어도 돼. 하지만 20분을 기다리면 두 개를 줄 거야"라고 선택권을 주었다. 그랬더니 3분의 2는 그 자리에서 마시멜로를 먹는 것을 택했고, 3분의 1은 지금 당장 먹고 싶은 욕구를 참고 견뎠다. 그리고 세월이 흘러 10년 후 추적조사를 해보았더니, 그때 마시멜로의 유혹을 참아낸 3분의 1이 공부도 훨씬 잘하고 술이나 담배, 약물에 노출이 덜 되었고 리더십이나 사회성도 좋다는 결과가 나왔다. 즉 욕구를 참고 이후를 위해 만족을 지연시킬 줄 아는 아이가 성공한다는 의미다.

학교생활을 봐도 이를 확인할 수 있다. 내일이 당장 시험 날인데 공부를 하나도 안 했으면서 게임을 하고 싶은 욕구를 참지 못해서 '한 시간만, 딱 한 판만!'

하다가 결국 공부는 하나도 못하고 시험을 치르는 아이를 주위에서 본 적이 있을 것이다. 머리로는 공부를 해야겠다고 생각하면서도 지금 당장의 유혹을 참지 못해서 시험을 그르치는 경우다. 후회할 줄 뻔히 알면서도 그 순간을 견디질 못한다. 자기조절 능력이 없기 때문이다.

이는 사회생활에서도 확연하게 드러난다. 직장을 자주 옮기거나 하던 일을 마무리하지 못하는 사람들을 주변에서 매우 흔하게 볼 수 있다. 조금만 힘이 들어도 다른 곳으로 눈을 돌리고, 자기만 왜 이렇게 힘들게 일하는지 모르겠다며 불평불만을 늘어놓기 일쑤다. 이는 모두 자랄 때 자기조절 능력을 키우지 못했기 때문이다.

**TIP**

**자기조절 능력이 중요한 이유**
① 엄마 품을 떠나서 사회 속으로 들어갈 때 꼭 필요한 능력이다.
② 다른 사람의 제안을 건강하게 받아들이고 협상하고 타협할 수 있게 도와준다.
③ 타인과 성공적으로 관계를 맺을 수 있는 원동력이 된다.
④ 다른 사람을 따돌리는 행동을 예방할 수 있다.

##  사람답게 살기 위해 꼭 필요한 힘

자기조절 능력이 성공적인 인생을 살아가는 데 막대한 역할을 한다는 것을 모르는 사람은 없다. 목표를 이루려면 지금 당장의 사소한 욕구는 참을 수 있어야 한다는 걸 누구나 안다.

하지만 아이뿐 아니라 어른에게도 자기조절은 그렇게 만만한 일이 아니다.

'커피는 하루에 한 잔만 마셔야지' 해놓고도 서너 잔을 연거푸 마시거나, '살 빼야 하니까 초콜릿 먹지 말아야지' 하면서도 어느새 초콜릿을 입으로 가져가고, '청소해야지' 하면서도 드라마를 보고 있는 자신을 발견할 때가 얼마나 많은가. 또 새해만 되면 '올해는 꼭 금연해야지' 하고도 작심삼일로 끝나고, 취할 정도로 술을 마시지 않겠다고 다짐해놓고도 고주망태가 되기 십상이다.

부모도 완벽하지 않기 때문에 자기조절에 실패할 때가 많다. 하지만 아이를 최선을 다해 양육해야 하는 부모의 입장에서 자기조절을 가르치지 않을 수는 없는 노릇이다. 인생의 성공을 좌우할 만큼 중요하니 말이다.

최근에 서울 초중고 교사를 대상으로 실시한 '미래사회를 살아가기 위해 초등학생에게 가장 필요한 것은 무엇이라고 생각하느냐'는 설문조사 결과를 봐도 자기조절 능력이 얼마나 중요한지를 알 수 있다. 조사를 해보니 '학습 계획 능력', '학습 실행 능력', '자기조절 능력', '가치 판단 능력', '문제 해결 능력', '협력과 갈등 해결 능력' 등의 답변이 나왔는데 이런 능력은 대부분 자기조절 능력이 바탕이 되어야 가능한 것들이다. 지금 당장의 욕구를 참을 수 있어야 학습 계획도 세울 수 있고, 실행할 수도 있기 때문이다. 부모들이 그렇게 바라는 자기주도 학습도 기본적으로 자기조절 능력이 있어야 가능한 이야기이다.

자기조절은 아이들에게 심리적으로도 매우 중요한 의미를 지니고 있다.

첫째, 자기조절 능력은 아이들이 마법의 세상에서 사람의 세상으로 걸어 나올 수 있도록 도와준다.

아이들은 만 1세 전까지는 오로지 우는 것 말고는 자기표현을 할 방법이 없다. 걸을 수도 없고 말할 수도 없고 타인에게 절대적으로 의존해서 살아가야 하는 시기다. 아이들은 누군가 돌봐주지 않으면 살아남을 수 없기 때문에 기본적으로 상당한 불안감을 가지고 있다. 이 불안감을 이기기 위해 아이들이 사용하는 것이 바로 '전능감 환상'이다.

'내가 울었더니 젖이 나오네, 내가 울었더니 기저귀가 싹 갈아져 있네, 눈을 탁 돌리니 엄마가 저기 있네' 하면서 이 모든 것을 자기가 창조하는 것이라는 환상을 갖는 것이다. 그런데 한 살을 넘기고 걷고 말하기 시작하면서 환상의 세계가 아니라 진짜 사람이 사는 세계로 걸어가볼까 하는 마음이 들기 시작하는데, 이때 기반이 되어주는 것이 바로 자기조절 능력인 것이다.

여기서 두 번째 의미가 생겨난다. 자기조절 능력은 이러한 '사람의 세계'에서 사람답게 살 수 있도록 도와주는 힘이 된다. 사람의 세계로 걸어 나왔는데, 여전히 내가 쳐다보는 장소에 엄마가 있어야 하고 울기만 하면 내가 원하는 것이 나와야 한다고 생각하면 얼마나 괴롭겠는가? 아이들이 계속 그런 생각을 한다면 상처투성이가 되고 말 것이다.

그렇기 때문에 이를 견딜 수 있는 힘이 필요한데, 그것이 자기조절 능력이다. 이 시기 아이들에게는 뭔가를 스스로 시도해서 성공도 하고 실패도 하는 건강한 자율성이 필요하다. 또한 목표를 세우고 노력해서 해내는 주도성이 필요하다. 그래야 사람답게 살아갈 수 있는데, 이를 충실하게 해낼 수 있도록 도와주고 되는 것과 안 되는 것을 구분하며 잘 조절할 수 있도록 도와주는 것이 바로 자기조절 능력이다.

한마디로 자기조절 능력이란 절대적인 의존 기간을 지나 사회적인 존재로 성장하는 데 있어서 가장 중요한 밑거름이 된다. 자기조절 능력을 통해 사회 속에서 충분히 건강하게 살아갈 수 있는 힘을 얻을 수 있다는 뜻이다. 인간은 아무리 잘난 사람이라 할지라도 그 누구도 혼자서 살아갈 수 없다. 아무리 벗어나려 해도 인간은 서로 연결되어 있고, 서로에게 의지해서 살아갈 수밖에 없는 존재다. 함께 살아가기 위해서는 서로 협상하고 타협하고 조절해야 하는데, 그 과정에서 자기조절 능력이 필요하다. 그렇기에 자기조절 능력이 없는 아이는 사회적으로나 정서적으로 여러 가지 많은 어려움을 겪게 된다. 이처럼 절대적인 의존 기간을 거쳐 사회적인 존재로 성장하는 데 가장 중요한 요소가 바로 자기조절 능력인 것이다.

 ## 자기조절 능력은 얼마든지 키울 수 있다

그전까지는 본능에 충실했다면 만 2세쯤이 되면 아이들이 서서히 머리에 시동이 걸리고, 주도성이 생긴다. 하지만 아이마다 타고난 기질이 조금씩 다르고, 자기조절 능력에도 편차가 있기 마련이다.

어떤 부모들은 본인의 아이가 선천적으로 자기조절 능력이 없다고 생각하는 경우가 있다. 그럴 때 부모의 반응은 두 가지다. 하나는 '노력해도 안 되는 건 안 되는 거야' 하며 절망하는 경우, 다른 하나는 '이건 내 탓이 아니야' 하며 오히려 안심하는 경우이다. 그러나 기질적인 성향으로 차이는 있을지언정 자기조절 능력은 환경과의 상호작용을 통해 얼마든지 변화가 가능하다. 그러므로 지레 포기하고 절망하거나 상황을 회피하려 하지 말고 아이가 자기조절 능력을 키워나갈 수 있도록 최선을 다해 도와야 할 것이다.

보통의 경우, 남자아이와 여자아이 중 남자아이가 조금 더 자기조절 능력이 떨어진다. 이는 여자아이의 전두엽과 소뇌가 남자아이보다 훨씬 빨리 발달하기 때문이다. 그래서 여자아이는 언어능력이 뛰어나고, 자신의 감정을 표현하는 것은 물론 타인의 감정에 잘 이입한다. 또한 여자아이들은 미래를 내다보고 자신의 행동을 통제하는 능력을 훨씬 빨리 키운다. 그렇기 때문에 여자아이는 부모가 가만히 있으라고 하면 그 말을 잘 이해하고 따르는 편이지만, 남자아이는 말을 듣지 않고 멋대로 굴 때가 많다. 이는 뇌의 발달에 관한 것이기 때문에 남자아이를 두고 성급하게 산만한 성격이라고 단정 짓지 말고 기다려줄 필요가 있다.

또한 첫째 아이와 둘째, 셋째 중에서는 첫째 아이가 자기조절 능력이 떨어진다. 왜냐하면 첫째 아이는 부모가 어떤 식으로 키워야 할지 몰라서 대부분 너무 허용하거나 너무 엄격하게 대하기 때문이다. 또한 기질이 순한 아이와 까다로운 아이 중에서는 까다로운 아이들의 자기조절 능력이 더 부족하다. 이처럼 기질적인 특성이 영향을 미치기는 하지만, 이는 엄마의 양육태도로 상쇄할 수 있고 얼마든지 변화 · 발전시킬 수 있다.

**자기조절 능력에 영향을 미치는 것**

자기조절 능력에는 아이의 기질과 인지발달, 그리고 양육태도 세 가지 모두가 영향을 미친다. 기질적으로 자기조절 능력이 조금 부족하더라도 어떻게 양육하느냐에 따라 얼마든지 개선될 수 있으므로 쉽게 포기하지 말아야 하고, 인지발달의 단계에 맞는 양육을 해야 한다.

예외가 하나 있는데 ADHD, 즉 주의력결핍 과잉행동장애에 걸린 아이들이다. 이런 아이들은 엄마가 어릴 때부터 아무리 최선을 다해도 개선이 잘 안 된다는 느낌을 가질 수 있다. 이런 느낌이 든다면 엄마 혼자서 해결하려고 하지 말고, 전문가의 도움을 받을 필요가 있다.

## 자기조절이 잘 되는 아이 vs. 자기조절이 안 되는 아이

자기조절이 잘 되는 아이는 인생을 살아가며 어려움이 닥쳐도 잘 헤쳐 나갈 수 있다. 또한 인간관계나 성취 면에서도 자기조절이 되지 않는 아이보다는 유리하다. 그런데 자기조절이 잘 되는 아이와 잘 안 되는 아이의 차이는 무엇일까? 무엇을 보고 우리 아이의 자기조절 능력을 판단할 수 있을까?

### 1. 판단 기준 1-행동

첫 번째 기준은 행동에서 찾아볼 수 있다. 자기조절이 잘 되는 아이들은 더 좋은 것을 얻기 위해 기다릴 수 있다. 그렇지만 자기조절이 안 되는 아이들은 원하는 걸 당장 해야 직성이 풀린다. 발을 구르고 당장 내놓으라고 성화를 부린다. 또한 자기조절이 잘 되는 아이들은 말로 협상이 가능하다. 하지만 그렇지 않은 아이들은 떼를 쓰며 뒤집어지기 일쑤다. 슈퍼마켓 등에서 제 성질을 못 이겨서 뒤집어지는 아이들이 다 이러한 경우다.

자기조절이 잘 되는 아이들은 나름대로 대안을 생각해낼 수 있다. 엄마가 "안 돼"라고 말하면 "응, 알았어. 오늘 안 되면 다음에 이거 해줘"라고 대안을 생각하고 받아들이는 것이다. 그런데 자기조절이 안 되는 아이들은 지금 당장이 아니면 하늘이 무너지기라도 하는 것처럼 좌절 상황을 견디지 못한다.

또한 조절이 잘 되는 아이들이 주어진 것을 즐겁게 해낸다면 조절이 안 되는 아이들은 생각만큼 성취를 하지 못한다. 조금 하다가 안 되면 싫증을 내고 포기해버리는 것이다. 조절이 잘 되는 아이들은 마음먹은 대로 잘 되지 않아도 '다시 한 번 해볼까' 하며 스스로를 추스를 수 있기 때문에 마음먹은 만큼 성취를 할 수 있는 것이다. 인과관계를 고려해서 '내가 이렇게 하면 저런 결과가 있겠구나, 그러니까 내가 참아야지, 조금 더 해봐야지' 하는 사고력도 발휘한다. 반면 조절 능력이 부족한 아이들은 충동적이고 과잉행동을 많이 한다.

### 2. 판단 기준 2-정서

두 번째는 정서적 측면이다. 자기조절이 잘 되는 아이는 부정적인 감정을 잘 처리할 수 있기 때문에 격노하는 일이 거의 없다. 그러나 자기조절이 잘 안 되는 아이는 부정적인 감정을 조절하지 못하기 때문에 화가 나면 화가 나는 대로 다 집어던지고 울고불고 하는 경우가 많다.

같은 맥락에서 자기조절이 잘 되는 아이는 공격적이지 않은데, 조절이 잘 안 되는 아이들은 공격적이다. 또한 조절이 잘 되는 아이는 자신의 감정을 잘 이해하는 만큼 타인의 감정도 잘 이해할 수 있다. 그러나 조절이 잘 되지 않는 아이는 다른 사람을 이해할 수 있다고 해도, 일단 자기 자신이 너무 힘들기 때문에 다른 사람을 생각할 여유가 없다. 그래서 다른 사람의 감정에 관심을 기울이기가 힘들다.

### 3. 판단 기준 3-습관

세 번째로 습관의 측면을 살펴볼 필요가 있다. 자기조절이 잘 되는 아이는 부모와 좋은 관계를 맺을 수 있고 또래관계 역시 원만하다. 그러나 조절이 잘 안 되는 아이는 부모와의 관계가 좋지 않고, 또래관계에서도 어려움을 겪는다.

**자기조절이 잘 되는 아이와 잘 안 되는 아이**

| | 자기조절이 잘 되는 아이 | 자기조절이 잘 안 되는 아이 |
|---|---|---|
| 행동 | 더 좋은 것을 얻기 위해 기다림 | 당장 원하는 것을 해야 함 |
| | 말로 협상 가능 | 떼가 많아짐 |
| | 좌절 상황에서 대안을 생각 | 좌절 상황을 견뎌내지 못함 |
| | 인과관계를 고려함 | 충동적, 과잉적 |
| 정서 | 부정적인 감정을 처리함 | 감정조절을 못함 |
| | 공격적이지 않음 | 공격적임 |
| | 타인의 감정도 이해함 | 타인의 감정에 관심이 없음 |
| 습관 | 부모와 좋은 관계 | 부모와의 관계가 좋지 않음 |
| | 원만한 또래관계 | 원만치 않은 또래관계 |

이러한 특징만 보아도 왜 자기조절 능력을 키워줘야 하는지는 분명해진다. 우리 아이의 행동과 정서와 습관을 잘 관찰해서 어느 정도의 자기조절 능력을 가지고 있는지, 그리고 어떻게 해야 이러한 능력을 키워줄 수 있는지를 고민해야 할 것이다.

## 02
### LESSON

# 발달 단계에 따라
# 훈육하라

　　자기조절 능력도 발달 단계에 따라 다른 양상을 보인다. 이를 제대로 모르면 마치 이제 걸음마를 시작한 아이에게 뜀박질을 하라고 엉뚱한 주문을 할 수도 있으니, 제대로 된 양육을 하기 위해서는 반드시 발달 단계를 고려할 필요가 있다. 특히 자기조절 능력의 발달은 인지발달과 맥을 같이하기 때문에, 이를 잘 이해하고 적용해야 아이를 제대로 훈육할 수 있다.

## 생리적 · 감각적 단계(만 1세 이전)

　　만 1세 이전에 어떻게 가능할까 싶겠지만, 이때도 자기조절은 이루어진다. 이름 그대로 생리적 · 감각적인 수준의 자기조절이 이루어지는데, 생리적이라는 것은 자기조절이 자동반사적으로 이루어진다는 뜻이고 감각적이라는 것은 자기 몸을 통해 자기조절을 한다는 뜻이다. 이 시기의 아이들은 아직 인지발달이 많이 이루어지지 않아서 모든 것을 몸으로 판단하고 행동한다.

예를 들어 낯선 사람이 다가올 때 몸을 움츠러서 긴장을 해소한다든지, 엄마 몸에 밀착해서 엄마의 심장 박동소리를 들으면서 진정을 한다든지, 손가락을 빠는 행동이 여기에 속한다. 이런 행동을 통해 자신이 해결하지 못하는 긴장을 방출하는 것이다.

이렇듯 본능적으로 자기조절을 하는 시기에는 어떻게 아이들의 발달을 도울 수 있을까? 이때 아이들은 절대적인 의존기에 놓여 있기 때문에, 절대적인 보호가 필요하다. 그렇지 않으면 아이는 살아남을 수가 없다.

그런데 어느 경우에는 아이들이 불안에 압도될 때가 있다. 이때는 아이가 멍해지거나 평소와 다른 문제가 생기기도 하므로 보호와 위안이 절대적으로 필요하다. 아이들이 필요로 하는 요구를 즉각 해결해줘야 한다. 그래야 아이들이 안심하고 제대로 성장할 수 있다.

## 자기통제 단계(만 1세~만 2세)

만 1세에서 만 2세쯤이 되면 아이들은 자기통제가 조금씩 되기 시작한다. 이때는 인지발달이 서서히 이루어지면서 말을 알아듣고 표현할 수 있게 된다. 그렇기 때문에 "휴지 좀 가지고 와", 혹은 "안 돼, 지지야!" 등 지시와 금지의 말을 알아듣고 따른다. 지시를 따랐더니 엄마가 쓰다듬으며 예뻐해주면 그것이 아이에게 보상이 되기 때문에 '아, 이런 건 따라야 하는구나' 하는 마음을 먹게 되고 지시를 따르지 않았을 때는 혼이 난다는 것을 인지하고 불쾌한 기분을 느끼기 때문에 하지 말아야겠다는 생각을 할 줄도 알게 된다.

## 1. 일관성 있는 태도로 양육하라

이런 식으로 이 시기에는 조금씩 자기통제를 얻어나가는데, 이때는 무엇보다 일관성 있는 태도를 가질 필요가 있다. 예를 들어 부부싸움을 하고 남편이 출근한 후 아이를 봤는데, 남편과 너무 닮은 아이에게 대신 화풀이를 한다든지 하면 아이로서는 납득할 수 없다. 또 똑같은 일을 해도 부모의 기분에 따라 허용할 때도 있고 금지할 때도 있다면 아이는 어떻게 자신을 조절해야 할지 알 수 없게 된다. 이런 경우 어디에 기준을 맞춰야 하는지 혼란스러워지기 때문에 자기조절 능력이 제대로 발달할 수 없다.

어른조차도 제대로 된 기준이 없으면 어떻게 행동해야 하는지 난감하고 혼란스러울 때가 있다. 하물며 이제 막 자기조절 능력을 배워가는 아이에게 변덕스러운 양육태도를 보이면 아이는 무엇이 해도 좋은 것이고, 무엇을 하지 말아야 하는지 기준을 잡을 수 없게 된다. 일관성 있는 양육태도는 자기조절 능력뿐 아니라 아이의 거의 모든 발달에서 매우 중요한 역할을 한다는 것을 명심해야 한다.

## 2. 애착으로 기본적인 신뢰를 구축하라

일관성 있는 태도에 가장 기반이 되는 것은 애착이다. 애착이 잘 형성되면 아이들은 엄마를 신뢰하기 때문에, 혼내고 지시를 하더라도 '괜찮아, 내가 미워서 그러는 건 아니야'라고 생각하며 견딜 수 있는데, 애착이 잘 형성되지 않은 경우에는 문제가 생긴다. 기본적인 신뢰가 없기 때문에 '엄마에게 혼나지 않으려면 어떻게 해야 하지?' 하는 생각에만 초점을 맞추기 때문이다.

엄마와의 관계가 좋으면 아이를 혼내도 금방 웃으며 말을 잘 듣지만, 엄마가 무섭고 도대체 어떤 상태인지 감을 잡을 수 없으면 어떻게 행동해야 할지 모르니까 떼를 쓰거나 눈치를 보게 된다. 엄마에게 맞춰주기 위해 레이더를 움직이기는 하는데 명확한 기준이 없으니 눈치를 보는 아이가 될 수 있다. 또 그 기준이 서서히 자기 내면의 음성이 되어야 하는데, 자꾸 외부의 음성에 치우치니 생각은 안 하고 눈치만 보는 부작용이 생겨난다.

이 시기에는 안정적인 애착관계와 일관성 있는 양육태도를 견지하는 것을 잊지 말아야 한다. 다음은 자기통제 단계에 있는 두 아이의 사례이다. 이를 통해 구체적으로 어떻게 이 시기 아이의 자기조절 능력을 키워줄 수 있는지 살펴보자.

13개월이 된 다솜이는 잘 걷고 또 걸으면서 물건도 집을 수 있게 되어 자기 만족도가 굉장히 높아졌다. 그런데 때때로 위험한 물건을 만져서 제시하면 막 드러누워서 우는 시늉을 하고 떼를 쓰기도 한다.

또 다솜이는 손을 좀 많이 빠는 편이다. 욕구가 채워지지 않거나 잘 때, 혹은 심심할 때 손을 빠는데 걱정하지 않아도 될까?

아이들에게 문제나 어려움이 생겼을 때 가장 먼저 고려해야 할 것은 아이의 연령이다. 사례에 나온 다솜이가 13개월이라는 것이 가장 중요한 포인트라고 할 수 있다. 13개월쯤이 되면 아이들은 절대적인 의존기를 벗어난 때이다. 혼자 걷고 말도 조금씩 할 줄 알게 된다. 그래서 아이도 스스로의 능력에 약간 흥분하는 때이다.

그런데 아직 미숙하기 때문에 여러 가지 시행착오를 겪을 수밖에 없고 생각만큼 잘 되지 않았을 때 좌절하기도 한다. 그렇기 때문에 부모는 이런 좌절감 때문에 생기는 아이의 불안을 빨리 위로해주고 안정시킬 필요가 있다.

"어, 그래. 네 마음대로 하고 싶었지? 그런데 잘 안 되었구나. 이건 너무 어려워"라거나 "이거 가지고 놀고 싶었어?"라는 식으로 아이들에게 생긴 불안과 갈등을 말로 표현해주면 '아, 그래서 내가 이렇게 힘들었구나' 하고 알게 된다.

안정을 취하도록 도와줬으면 그다음에는 아이가 다른 데로 관심을 돌리도록 대안을 제시해줄 필요가 있다. 예를 들어 아이가 위험한 칼을 가지고 놀려고 하면 장난감 칼을 쥐어주면서 "이건 안 되고, 장난감 칼 가지고 놀자"라는 식으로 말이다. 이렇게 빨리 대안을 제시해주면 관심사가 바뀌기 때문에 불안과 불만에서 빨리 놓여날 수 있다.

아이들은 자기 마음속에서 일어나는 긴장과 불안 때문에 손을 빨거나 움직이는 행동을 하는데, 이럴 때는 아이들이 자기 몸을 통해 위안을 얻으려고 하는 행동을 그대로 해주면 된다. 스킨십이나 마사지를 해주면 아이에게 생긴 긴장과 불안이 완화된다.

이제 19개월이 된 승혜. 마음에 들지 않거나 생각했던 대로 일이 잘 풀리지 않으면 물건을 던지거나 다른 사람을 때리는 경우가 있다. 이럴 때는 어떻게 대처해야 할까? 또 문화센터 선생님이 뭔가를 도와주거나 아이 몸에 손을 대면 싫다는 표현을 하는데 이럴 때는 어떻게 훈육하는 것이 좋을까?

마찬가지로 첫 번째로 고려할 것은 아이의 연령이다. 19개월이라면 이제 몸은 어느 정도 움직일 수 있지만 말은 그만큼 따라주지 않는 때이다. 성인만큼 말을 할 수 있으려면 적어도 만 5세는 되어야 한다. 몸은 자유로운데 언어는 생각만큼 잘 따라주지 않기 때문에, 답답한 상황이 생기면 몸이 먼저 나가는 것이다. 일단은 아직 언어가 충분히 발달되지 않아서 이런 일이 생긴다는 것을 이해할 필요가 있다.

두 번째로는 엄마가 빨리 아이의 감정을 알아채서 말로 대신 표현해주어야 한다. 행동은 감정에서 비롯되기 때문이다. 아이들은 감정이 아직 모두 발달되지 못해서 자신이 왜 그러는지 잘 모른다. 그렇기 때문에 엄마가 "아, 화났어? 그래서 던지는 거야?"라고 아이의 행동과 감정을 말로 짧게 설명해줘야 한다. 여기서 유의할 점은 말로 설명해주되 '짧게' 해야 한다는 데 있다. 너무 길게 설명을 하면 19개월이 된 아이는 이해할 수가 없다.

다른 것에 대한 훈육을 할 때도 마찬가지다. 짧게 대안을 제시해주면 된다. 선생님에게 난폭하게 거절의 행동을 보일 때 "선생님한테 '싫어요'라고 말해"라는 식으로 짧게 자신의 감정을 표현할 수 있는 단어를 가르쳐주면, 스스로 어느 정도 조절이 가능하다는 것을 깨달을 수 있다.

## 🌷 자기조절 단계(만 3세~만 6세)

이 시기는 자기조절의 하이라이트기로 볼 수 있다. 인지능력이 무럭무럭 성장해서, 그전까지는 엄마가 시키는 대로 외부의 목소리에 귀를 기울였다면 이제는 스스로 생각을 하고 내면에 목소리가 자리 잡기 시작한다. 예전에는 엄마가 "하지 마!"라고 말해야 하지 않았는데, 이때부터는 '아, 이건 하지 말아야지' 하고 스스로 생각할 수 있게 되는 것이다.

요즘 들어 자신의 감정을 잘 조절하지 못하고 쉽게 욱하는 아이들이 늘어나고 있는데, 전문가에 의하면 자기조절에 매우 중요한 시기인 4~5세 때에 분노를 조절하는 방법을 제대로 배우지 못했기 때문이라고 한다. 4~5세까지는 아이들이 짜증을 부리거나 화를 낼 때 엄마가 이를 잘 수용해주어야 한다. 그래야 아이가 커서도 분노조절에 문제가 생기지 않는다. 여기서 핵심은 '수용'과 '허용'을 혼동하지 않는 것이다.

아이를 멋대로 내버려두라는 말이 아니라 '네가 힘들어하는구나' 하고 공감을 해줘야 한다. 그러면 아이의 화는 누그러진다. 그리고 그 뒤에 화가 나는 것은 인정하지만 네 뜻대로 해서는 안 된다고 말로 풀어주어야 한다. 이런 경험을 반복한 아이는 저절로 분노를 조절할 수 있게 된다.

화를 화약에 비유하자면, 남보다 유독 화약을 많이 갖고 태어나는 아이들이 있다. 뇌발달에 문제가 있거나 호르몬 분비가 어긋나서 조절이 안 되는 경우인데, 어느 시대나 이런 아이들은 대개 5~10%쯤 존재한다고 한다. 그런데 이 중에서 얼마나 많은 아이들이 실제로 화약고 폭발하듯 터지느냐는 사회 변화에 따라 다르다.

과거에는 의학적으로 문제가 있는 아이들 중 10분의 1만 폭발했는데 요즘에는 4분의 1, 혹은 3분의 1이 폭발하는 것이 문제다. 좋은 양육을 경험하지 못했기 때문이다. 더구나 폭력적인 게임이나 입시 스트레스, 학원폭력 같은 '방아쇠'까지 늘어나고 있으니 걱정이 아닐 수 없다. 이러한 경향이 점점 심해지고 기질적으로 화를 많이 갖고 태어난 아이들이 자라 어른이 된다면 우리 사회가 어떻게 될지 상상만 해도 아찔하다. 그렇기에 이 시기에 자기조절 능력을 적절히 키워주기 위해 노력해야 한다.

만족지연 능력도 이때 생긴다. 지금 참으면 더 좋은 것을 얻을 수 있다고 생각하면, 아무리 하고 싶어도 조금 참을 수 있게 된다. 자기 행동에 대한 반성도 이루어진다. 이 중요한 시기에 어떻게 하면 자기조절 능력이 제대로 발달하도록 도울 수 있는지 알아보자.

### 1. 과정을 칭찬하라

자기조절 능력이 가장 발달하는 이때는 적절한 보상이 필요하다. 그런데 유의할 점이 있다. 무조건 오냐오냐 하는 보상이나 결과에 대한 칭찬이 아니라 과정을 칭찬해줘야 한다.

"잘했어, 네가 최고야" 하는 식으로 결과를 칭찬하기보다 "애썼어. 참는 거 힘들었을 텐데 오늘은 좀 더 참았네?" 하는 식으로 자기조절 의지를 북돋아줘야 한다.

또한 물질적 보상으로 해결하려들면 안 된다. 많은 부모들이 물질적인 보상으로 아이를 칭찬하려 한다. 하지만 이는 가장 쉬운 방법이지 좋은 방법이라고 할 수는 없다. 과자나 장난감 등으로 보상을 해줘 버릇하면 나중에 뒷감당을 하기 힘들어질 수 있다.

그럴 때는 아이가 좋아하는 맛있는 음식을 만들어주거나 함께 놀이를 하는 방식으로 보상을 해줘야 더 바람직한 효과를 볼 수 있다. 이러한 방식의 보상을 '사회적인 보상'이라고 한다. 물질적인 보상이 아니라 사회적인 보상이 아이의 발달에 긍정적인 효과를 낸다는 것을 명심하자.

### 2. 합리적인 말로 훈육하라

또한 이 시기에는 언어를 통한 훈육이 중요하다. 언어능력이 발달하는 시기이기 때문에, 합리적인 말로 잘 설명하는 것이 중요하다. 아이에게 합리적으로 설명을 해주어야 아이는 자기 내부의 목소리를 발달시킬 수 있다.

또한 함께 역할놀이 등 가상놀이를 해주는 것도 매우 중요하다. 연구 결과, 가상놀이를 부모와 함께 많이 한 아이가 자기조절 능력이 훨씬 높았기 때문이다. 또한 또래 경험을 많이 쌓고, 스스로 성공과 실패를 많이 겪을 수 있도록 도와주어야 한다. 그래야 아이들이 '이건 되는구나, 이건 안 되는구나' 하고 가늠할 수 있기 때문이다.

자기조절 능력을 잘 키운 아이들은 이 시기 아이들에게 굉장히 중요한 발달 과업인, 주도성을 획득한다. 주도성이란 목표를 세우고 성취하고자 노력하는 것이기 때문에 자기주도 학습의 기초가 된다. 반대로 자기조절 능력을 잘 발달시키지 못한 아이들은 반항적이 되거나 엄마만을 찾는 의존적인 아이, 적응을 잘 못하는 아이가 될 수 있다.

모든 부모가 아이 스스로 자신의 일을 잘해나가기를 바라면서 아이러니하게도 아이를 과잉보호하거나 모든 것을 대신 해주는 방식으로 아이를 양육하는 실수를 저지른다. 그렇게 해서는 절대 아이가 자기조절 능력을 키울 수 없고 나아가 주도성을 발달시키거나 자기주도 학습도 할 수가 없다.

이 시기의 아이를 구체적으로 어떻게 훈육해야 하는지 다음의 세 가지 사례를 통해 알아보자.

소연이 엄마는 아이들이 넘어지면 공감을 해주기 위해 "많이 아팠지? 괜찮아?"라고 다독인 다음 "이렇게 턱이 있는 곳은 조심해야 하는 거야. 다음부터는 조심하자"라고 주의를 준다. 그런데 어르신들은 "이 방문 때찌!"라는 식으로 자주 말을 하는데 혹시라도 아이가 남 탓을 하는 성향을 갖게 되지는 않을지 걱정이다.

아동발달을 잘 이해한다면 이러한 오해를 하지 않을 수 있다. 만 7세까지 아이는 물활론적 사고체계를 가지고 있는데, 이때는 모든 것에 생명이 있다고 생각한다.

아이에게 문제가 생겼을 때는 훈육보다 위로가 먼저인데, 위로도 아이의 수준에 맞춰서 해야 효과가 있다. 물활론석 사고를 하는 아이는 문턱이 살아 있어서 자기를 힘들게 한다고 생각하기 때문에, "나쁜 문턱, 때찌!"라고 하면 마음이 풀리고 위로를 받는다. 이것은 남 탓을 하는 것과는 다른 차원의 문제다. 아이의 발달 수준에 맞춰 적절한 위로를 하는 것이다.

훈육은 위로를 한 이후에 해도 충분하다. 위로를 받은 다음에 "이게 이 앞에 있어서 그랬구나, 그런데 앞으로는 너도 이거 잘 보고 가자"라고 하면 아이가 제대로 알아듣고 조심하게 된다.

언제나 사랑이 넘치는 지훈이. 엄마는 물론이고 다른 친구들에게도 부비고 뽀뽀하는 것이 일상이다. 친구가 싫어하거나 말거나 무조건 안고 뽀뽀하는 이 아이에게 애정표현은 좋은 것이지만 가려서 해야 한다는 것을 어떻게 가르쳐야 할까?

엄마 입장에서는 사랑스럽고 좋겠지만 이런 과도한 애정표현은 밖에서는 조금 곤란할 수도 있다. 이때 가장 좋은 방법은 아이에게 '역지사지'를 가르쳐주는 것이다. 내가 싫어하는 행동은 저 아이도 싫어할 수 있고, 저 아이가 싫어하는 행동을 계속하면 안 된다는 것을 이해할 수 있도록 도와주어야 한다. "네가 저 친구가 좋아서 이러는 거라면, 지금처럼 저 친구가 싫어하는 방법 말고 좋아하는 방법을 찾아보자" 하는 식으로 말이다.

블록을 만들다 마음먹은 대로 되지 않으면 무조건 던지고 망쳐버리는 아이. 문제를 풀다가 잘 안 풀리면 중간에 포기해버리는 아이. 글씨를 쓰다가 마음대로 잘 안 되면 공책에 줄을 북북 그으면서 화풀이를 하는 아이. 힘들거나 어려운 상황이 닥치면 포기는 기본이고 화까지 내는 아이를 어떻게 하면 좋을까?

이렇게 어려움을 겪거나 좌절을 경험할 때 분노가 폭발되는 아이에게는 어떻게 대처하는 것이 좋을까? 이에 맞는 전략은 한마디로 '아이의 부정적인 정서를 엄마라는 큰 그릇에 담아라'라고 표현할 수 있다.

아이가 이미 감정의 허리케인에 휘말려 있다면, 이때는 세 가지 단계에 따라 아이의 감정을 다스려줘야 한다. 바로 '인식하기, 억제하기, 대처하기'이다.

아이의 감정이 지금 어떠한지 인식하고, 부정적인 감정을 다스려주어야 한다. 블록을 쌓다가 마음대로 되지 않아 화가 난 아이에게는 '네가 지금 충분히 잘했고, 하려는 도전이 좋았다'고 칭찬을 해주고, 아이의 마음을 다스려준 다음에 안아주는 것이 좋다.

문제를 풀거나 그림을 그리다가 포기해버리는 아이에게도 마찬가지다. '이건 지금 어려울 수도 있어. 지금 그린 것도 충분히 멋진데, 뭐'라고 아이의 마음을 다독이고 위로해준 다음 '이 부분에서는 이렇게 해보면 문제가 풀리지 않을까?' 하고 힌트를 던져주는 방식을 쓰면 좋다.

### 자기조절 능력이 공부 능력이다

모든 부모는 아이가 시키지 않아도 자기 일을 알아서 척척 해내기를, 굳이 잔소리를 하지 않아도 스스로 공부하기를 바란다. 그런데 스스로 계획하고 공부하는 자기주도학습이 가능하려면 자주성과 자율성, 책임감이 바탕이 되어야 한다. 바로 자기조절 능력 말이다. 그런데 이는 태어날 때부터 자기중심성이 강한 아이들로서는 획득하기가 쉽지 않은 속성인 것도 감안해야 한다. 그렇다면 어떻게 해야 스스로 알아서 자기 일을 계획하고 공부하는 자기조절 능력이 뛰어난 아이로 키울 수 있을까?

### 만 3세 이전

자기조절 능력이 뛰어난 아이로 키우려면 만 3세 이전에는 올바른 애착관계를 형성하는 것이 가장 중요하다. 그리고 그 이후에는 언어를 통한 훈육과 부모의 양육태도 및 본보기를 보여주는 것이 중요하다. 부모와 긍정적 애착관계를 형성한 아이는 스스

## 학령기(만 6세~만 12세)

요새는 학원을 다니며 자기주도 학습을 배우기도 하는데, 스스로 공부하는 법을 학원에 가서 따로 배운다는 것이 어떻게 보면 코미디처럼 느껴지기도 한다. 스스로 밥을 먹는 법을 가르친다면서 숟가락으로 밥을 입에 떠 넣어주는 것과 다르지 않은 난센스다. 자기주도 학습은 그런 식으로 해서는 절대 이루어질 수 없다. 자기조절 단계를 잘 거치고 학령기를 잘 보내면 자기주도 학습은 자연적으로 이루어진다.

학령기에는 조금 더 중요한 책략을 사용할 수 있게 되는데, 그러면서 아이들은 자기 스스로 머리를 쓰면서 살아갈 수 있게 된다. 계획하고 점검하고 평가하는 일련의 과정이 가능해지는 것이다.

정서도 마찬가지다. 이 시기에는 인식하고, 격노하는 감정을 억제하고, 자기감정에 적절하게 대처할 수 있게 된다. 이 과정을 통해 행동과 정서를 조절할 수 있게 된다.

이렇듯 스스로를 조절하는 방법을 조금씩 배워나가는 학령기에 어떻게 하면 조금 더 아이의 자기조절 능력을 발달시킬 수 있는지 알아보도록 하자.

### 1. 모델링 역할을 하라

이때는 부모가 아이들이 보고 배울 수 있는 본보기가 되어주어야 한다. 일명 모델링 역할이다. 그다음에 이전 단계와 마찬가지로 언어를 통한 상호작용을 해주어야 한다.

이 시기에 적절한 훈육으로 자기조절 능력을 획득한 아이들은 근면성과 책임감을 갖게 된다. 문제가 생겨도 남을 탓하지 않고 '이건 내가 안 했기 때문에 이런 결과가 나온 거야'라고 책임감 있게 생각할 수 있게 된다. 그러나 자기조절 능력을 획득하지 못한 아이는 반대로 '이건 엄마가 안 해줘서 이렇게 된 거야, 엄마 탓이야'라며 원망할 대상을 찾는다. 그때부터는 문제 행동이 폭발하기 시작한다. 동기가 저하되고 자기주도 학습이 잘 안 이루어지는 것이다. 자기가 공부를 안 해서 성적을 잘 못 받아놓고도 다른 사람을 탓하고, 자기가 숙제를 안 해가서 혼나고도 원망할 다른 대상을 찾는다.

초등학교 저학년 아이들의 문제 행동은 보통 사회성 문제로 이어진다. 또래와 어울리지 못하는 것이다. 더 심각한 것은 이를 그대로 방치했을 때이다. 그 상태 그대로 초등학교 고학년이나 중학교로 진학하면 그때부터는 또래 문제가 더욱 극심해지고 집단 따돌림이나 술, 담배와 같은 비행 쪽으로 표출이 된다.

그렇기 때문에 이 시기에 적절한 모델링 역할을 하고, 아이가 잘못했을 때 합리적인 말로 아이를 설득할 수 있어야 한다. 이 시기를 그냥 지나치면 더 이상은 바로잡을 기회가 없을 수 있으므로 반드시 제대로 된 훈육을 해야 한다.

## 2. 긍정적인 정서표현을 하라

최근의 한 조사 결과를 보면 어른이라고 해서 아이보다 감정조절을 잘하는 것은 아니라고 한다. 경희대와 중앙일보가 인성지수 검사를 실시한 결과 학생들의 자기조절 점수는 64.3점이었지만, 부모는 학생보다도 낮은 62.7점을 받았다. 벌컥벌컥 화를 내는 부모, 아이보다 자신의 감정 상태가 우선인 부모가 많다는 뜻이다. 아이들은 "엄마는 화부터 내요. 자기 말만 하기에 바쁘고요. 그러니까 아예 대화를 안 하는 게 상책이에요"라고 부모와의 대화 자체를 기피하기도 한다.

부모의 정서표현 방법 역시 학령기 아이에게는 중요한 역할을 한다. 한 연구 결과에 의하면 엄마가 아이에게 온정적이고 긍정적인 정서표현을 많이 할수록 아이는 또래와의 관계에서 자신감을 가지고 유능한 태도를 보인다고 한다. 뿐만 아니라 친사회적이고 공격적이지 않은 행동을 하게 된다.

반면 엄마가 부정적인 정서표현을 많이 하는 경우 아이는 또래관계에서 폭력성을 보이고 사회적으로 부정적인 행동을 할 가능성이 높아진다. 부모가 부정적 감정을 내키는 대로 쏟아내고, 아이에게 정서적 안정감을 주지 못한다면 아이의 자기조절 능력은 절대 제대로 발달할 수 없다.

또래관계가 급증하고 배워야 할 것도 기하급수적으로 늘어나는 이때 아이가 자신감을 가지고 자기감정과 행동을 조절할 수 있도록 도와야 할 것이다. 그러려면 일단 부모 자신부터 스스로의 감정을 다스리고 긍정적인 정서를 표현할 수 있어야 한다.

아이가 정해진 시간까지 숙제를 하고 그다음에 엄마를 도와준다고 했다. 그런데 그때까지 숙제를 못 마쳤다면 일단 멈추고 엄마를 도와준 후에 다시 숙제를 해야 할까, 아니면 늦더라도 숙제를 먼저 다 마친 다음에 엄마를 도와야 할까?

일의 우선순위를 세우는 것도 자기조절 능력의 중요한 기반이 되기 때문에 중요한 사례라고 할 수 있다. 아동기에는 구체적인 책략을 사용할 줄 알게 되기 때문에 우선순위를 스스로 결정하고 상황을 개선할 줄 알게 된다.

그렇다면 급한 일과 중요한 일이 있을 때 어떤 것이 더 우선해야 할까? 중요한 일이다. 아이 입장에서는 숙제와 엄마를 돕는 것 중에서 숙제가 더 중요한 일이다. 그런데 본인이 숙제하는 시간을 너무 짧게 잡았기 때문에 계획이 어그러졌다. 이를 깨달으면 '다음에는 두 시까지 숙제를 하는 걸로 하자'라고 문제를 짚어보고 개선점을 찾을 수 있다.

계획을 세우고 점검하고 평가하는 과정을 계속 거치게 도와준다면 아이들은 고급 책략을 사용해 자기조절을 충분히 해나갈 수 있다.

# 만족지연을 향상시키는
# 효과적인 방법

　　자기조절 능력과 긴밀한 연관이 있고, 중요한 것 중 하나가 바로 '만족지연'이다. 더 좋은 나중을 위해 지금 당장 하고 싶은 것을 미룰 줄 아는 능력이 만족지연 능력이라고 할 때, 이를 가능하게 하는 것이 자기조절 능력이기 때문이다.

　　그렇다면 어떻게 해야 아이들의 만족지연 능력을 향상시킬 수 있을까? 지금 당장 자기 마음대로 하고 싶다는 욕심을 어떻게 하면 조절할 수 있게 도울 수 있을까? 더 나은 내일을 위해서 어떻게 눈앞의 유혹에 넘어가지 않도록 도울 수 있을까? 이를 알아보기 위해 한 가지 실험을 해보았다.

## 행동전략이 만족지연을 돕는다

똑같은 조건에서 아무런 지시를 하지 않고 실험을 했을 때 어떤 아이는 25초, 어떤 아이는 2분을 기다렸다. 이렇게 아이마다 차이가 나는 이유는 각자 만족지연 능력이 다르기 때문이다. 또한 각 아이가 사용한 전략도 결과의 차이를 초래했다고 볼 수 있다.

25초를 기다린 첫 번째 아이는 중얼중얼 말을 하면서 자신의 욕구를 참았다. 그리고 2분을 기다린 두 번째 아이는 몸을 이리저리 움직이는 행동을 했다. 첫 번째 아이는 혼자 말하는 전략을 썼고, 두 번째 아이는 운동·행동전략을 사용한 것이다.

연구 결과를 보면 이렇게 어릴 때에는 행동전략을 쓸 때 훨씬 더 만족지연을 잘할 수 있다고 한다. 실험의 결과를 봐도 이를 확인할 수 있다. 몸을 움직이는 행동전략을 썼기 때문에 더 오랫동안 욕구를 참아낼 수 있었던 것이다. 25초와 2분은 굉장히 큰 차이다.

아이가 무엇인가를 참고 견뎌야 할 때에는 이처럼 몸을 써서 움직이고 행동할 수 있도록 돕는 것이 아이의 만족지연 능력을 키워주는 방법이라고 할 수 있겠다.


## 대안을 제시하면 더 오래 참을 수 있다

A, B, C로 각각 조건을 달리했을 때는 어땠을까? A그룹에게는 '과자를 안 먹고 기다리면 나중에 열 개를 준다'고 했고 B그룹에게는 '이 과자가 무슨 맛일지 상상하라'며 과자에 대해 더 깊이 생각하도록 했다. 그리고 C그룹에게는 '가장 재미있었던 일을 상상하라'고 주문하여 관심을 다른 곳으로 유도하였다.

A, B, C 세 그룹 중에서 가장 오래 참은 그룹은 어디일까? 가장 먼저 종을 울린 그룹은 A그룹이었다. 아이는 겨우 11초밖에 참지 못했다. 그다음으로 종을 울린 것은 19초로 B그룹이었다. 그리고 마지막으로 가장 오래 참은 쪽은 50초로 C그룹이었다.

B그룹에게 제시한 조건은 아이가 과자에 더 몰입을 하게 만든다. 그것만 생각하도록 만들었기 때문에 아이들이 먹고 싶다는 욕구를 오래 참지 못하게 된

것이다. 결과적으로 대상에 더욱 집중하게 만드는 조건은 아이의 만족지연 능력을 키우는 데 도움이 되지 않는다는 결론을 얻을 수 있다.

C그룹의 아이는 아무런 주문도 하지 않은 첫 번째 실험에서 25초밖에 참지 못했던 아이다. 그런데 이번에는 50초를 견뎠다. 이 사실은 만족지연 능력이 양육을 통해 충분히 조절될 수 있다는 것을 알려준다.

C그룹의 경우 아이가 전과 다르게 오랫동안 참을 수 있었던 것은 '대안'을 제시해주었기 때문이다. 눈앞에 있는 과자가 아니라 다른 즐거운 것을 생각하도록 함으로써 아이의 관심을 다른 곳으로 돌렸고, 결과적으로 오랫동안 욕구를 참을 수 있도록 도왔다.

연구 결과를 보면 아이들이 어렸을 때에는 행동전략이 효과적이지만, 나이를 먹으면 대안을 주는 것이 가장 효과적이라고 한다. 특히 장난감 같은 시각적 대안을 제시하면 자기조절 능력 향상에 효과를 볼 수 있다. 그렇기 때문에 부모는 아이에게 대안을 제시하고, 아이가 나중에 스스로 대안을 생각하는 사고력을 키울 수 있도록 도울 필요가 있다.

아이의 만족지연 능력을 키우는 방법은 세 가지로 정리할 수 있다. 첫 번째, 아이에게 맞는 전략을 개발해줄 필요가 있다. 연령이나 아이의 특성에 따라 말, 행동, 시각 등등 효과적인 방법이 다를 수 있기 때문에 우리 아이에게 가장 효과적인 방법은 무엇인지를 파악한 후 활용해야 한다.

두 번째는 합리적인 통제 방법을 사용하는 것이다. 무엇이 되고, 무엇이 안되는지 아이에게 일관성 있는 훈육을 해야 하고, 잘하면 격려한다.

그리고 세 번째는 대화를 통한 훈육 방법이다. 자꾸 지시하고 통제하고 거부적인 양육태도를 취하면 아이는 엄마의 취향에 자신을 맞추기 때문에 내재화가 되지 않는다. 자신의 목소리를 갖지 못하는 것이다. 그래서 만 1, 2세 단계에 머무르게 된다. 아무리 성장을 해도 자기조절은 2세에 멈춰버리는 것이다. 그렇기 때문에 지시와 통제가 아니라 대화를 통해서 아이와 적절히 상호작용을 할 필요가 있다.

## ❤ '보상' 없이 자기조절 능력 기르기

마트나 공공장소에서 원하는 것을 사달라고 악을 쓰고 우는 아이나 징징거리는 아이들을 쉽게 볼 수 있다. 이 아이들 역시 자기조절이 안 되는 대표적인 사례이다. 지금 당장 갖고 싶은 마음을 참지 못하고, 부모가 사주지 않는다는 분노와 섭섭함을 감당하지 못해서 나오는 행동이다. 부모 입장에서는 당혹스러울 수밖에 없다. 그렇기에 이 상황을 빨리 모면하고 싶어서, 혹은 아이의 잘못된 행동을 고치기 위해서 '물리적 보상'이나 '조건'을 제시하는 경우가 많다.

"셋 셀 때까지 일어나면 아이스크림 사줄게."

"엄마 말 잘 들으면 집에 가서 네가 좋아하는 만화 많이 보게 해줄게."

물론 화를 내는 것보다 이렇게 보상을 제시하는 편이 아이의 행동을 제어하는 데는 더 효과적일 때가 많다. 그런데 이 방법이 과연 아이의 자기조절 능력을 키워주는 데 도움이 될까?

보상 자체는 나쁘지 않다. 하지만 떼를 쓰는 행동을 보상으로 고쳐서는 안 된다는 것을 명심해야 한다. 음식으로 보상하는 것도 주의해야 한다. 아이가 좋아하는 아이스크림이나 사탕을 계속해서 보상의 의미로 제공하면 아이가 그 음식에 더욱 집착하는 결과를 낳을 수 있기 때문이다.

사실 아이가 적절한 행동을 하도록 유도하는 데 물질적 보상보다 효과적인 것을 찾기란 쉽지 않다. 그렇지만 보상을 해야 할 때와 그렇지 않을 때를 구분할 필요가 있다. 보상에도 바람직한 보상과 그렇지 않은 보상이 있기 때문이다. 바람직한 보상이란 아이가 어떤 일을 하기 위해 노력을 했거나 해서는 안 되는 일을 잘 참았을 때 주는 것이다. 즉 아이의 노력에 대한 칭찬인 셈이다.

하지만 아이가 떼를 쓸 때 즉각적인 보상을 해주는 것은 문제가 될 수 있다. 특히나 이런 상황이 반복되면 문제는 더 심각해진다. 아이가 자신의 욕구를 참고 노력한 대가로 보상을 얻은 것이 아니라 떼를 썼기 때문에 원하는 것을 얻었다고 착각할 수 있기 때문이다. 이는 분명 바람직하지 않은 결과다. 바람직한 보상은 긍정적인 행동을 유도하고 아이 스스로 자신의 행동에 만족하는 결과를 가져온다. 또한 더불어 더 잘해야겠다는 동기를 부여하는 효과가 있다. 그러나 지나치게 과한 보상이나 이유가 분명하지 않은 보상은 긍정적인 측면보다 부정적인 측면이 훨씬 많다. 아이가 웬만한 보상으로는 만족하지 못하게 되고, 자발성이 부족해질뿐더러 의욕까지 저하되는 결과를 초래하기 때문이다. 아이가 스스로 '이것은 하지 말아야지' 하는 마음, 즉 자기조절 능력을 갖게 하려면 상황 모면용 보상이나 과도한 보상은 반드시 피해야 한다. 적절한 보상은 아이의 행동을 교정하는 약이 될 수 있지만, 부적절한 보상은 오히려 아이를 망치는 독이 될 수 있다.

TIP

**아이가 TV를 오래 볼 때는?**

① TV 시청에 대한 구체적인 규칙을 정해준다.

② 약속 시간이 지났을 때는 아이 스스로 TV를 끄도록 한다.

③ 계속 보겠다고 떼를 쓸 때는 다른 대안을 제시해주더라도 앞서 정한 약속은 꼭 지키도록 한다.

아이가 오랫동안 TV를 볼 때 부모가 TV를 끄는 것은 별로 좋지 않다. 아이가 자신을 조절할 기회를 빼앗는 것이기 때문이다. 규칙을 만들고 아이 스스로 자기조절을 연습할 기회를 주는 것이 자기조절 능력을 발달시킬 수 있는 양육 포인트이다.

## 04
### LESSON

# 아이의 유형이 다르면
# 방법도 달라진다

　이제 구체적인 상황과 함께 아이들의 자기조절 능력을 키워줄 수 있는 방법에 대해 알아보자. 앞서 수차례 말했던 것처럼 아이의 기질과 인지능력에 따라 정도의 차이는 있지만 어떻게 양육하느냐에 따라 아이의 자기조절 능력은 얼마든지 개발될 수 있다. 아이가 자기조절을 잘 하지 못해서 문제가 발생한 각 상황 속으로 들어가, '저런 상황에 나는 어떻게 했었는지'를 돌아보고 '어떻게 해야 자기조절 능력을 키워줄 수 있을지'를 함께 고민해보도록 하자.

　아이는 원래 자기중심적인 존재로 태어난다는 것을 잊지 말아야 한다. 전능감 환상에 젖어 영아기를 보내고, 자신이 세상의 중심이라고 생각하고 유아기를 보낸다. 그런 아이들이 부모와 환경과 상호작용을 하면서 점차 자기조절 능력을 키워간다. 아이가 자기조절 능력을 키워 자신의 인생을 제대로 꾸려갈 수 있도록 돕는 것이 부모의 역할이라는 것을 잊지 말아야 하겠다.

##  무엇이든 자기 마음대로 하는 아이

식사 시간만 되면 난장판을 만드는 아이. "내가 먹을 거야"라고 투정을 부리고, 음식을 다 자기 앞으로 몰아놓고 마음대로 행동한다. 그러지 못하게 하면 오히려 더 상황이 악화된다. 음식을 손으로 마구 쏟아버리고 던지기 일쑤다. 어떻게 해야 이런 행동을 저지할 수 있을까?

이렇듯 아이가 밥상 앞에서 투정을 부려서 난감한 엄마들이 참 많이 있다. 어떤 엄마는 이럴 때 "지금 제대로 안 먹으면 다 치운다. 지금 안 먹으면 밥 없어!"라고 하면서 강압적인 태도를 보이기도 하고, 또 어떤 엄마는 한술이라도 아이가 제대로 밥을 먹었으면 싶어서 밥그릇을 들고 쫓아다니기도 한다. 그런데 이 두 가지 방법 모두 썩 바람직하다고 볼 수는 없다.

아이의 행동을 조절하는 데에는 언어가 참 중요한 역할을 한다. 이렇게 아이가 제멋대로 행동하는 것을 조절할 때도 말은 중요한 역할을 하는데, 4단계로 전략을 실행해볼 수 있다.

첫 번째는 아이의 마음을 잘 알아주는 것이다. 아이들의 행동에는 다 이유가 있다. 만약 식탁 앞에서 제멋대로 군다면 그것이 정말 혼자 먹고 싶어서인지, 아니면 장난을 치고 싶어서 그러는 것인지를 엄마가 빨리 파악해서 알아줄 필요가 있다. 그리고 아이의 마음을 대신 말로 표현해주면 된다. "왜? 혼자 먹고 싶어?",

"에이 너 장난치고 싶구나" 하는 식으로 아이의 마음을 대신 표현해주면 된다.

두 번째는 그렇게 하면 안 되는 이유를 간단하게 설명해주는 단계다. 이때는 설명이 너무 길어지지 않도록 주의해야 한다. 구구절절 설명을 하는데 아이가 다른 짓을 하면 엄마 입장에서는 더 화가 날 수밖에 없다. 하지만 아이는 집중할 수 있는 시간이 짧기 때문에 아이의 눈높이에 맞춰서 설명을 해줘야 하는 것이다. "그러면 안 돼. 밥은 먹어야 하는 거야", "밥 먹을 때 장난치는 것 아니야" 하는 식으로 짧게 이야기해주면 된다.

세 번째 단계는 대안의 제시다. 아이가 좀 더 놀고 싶어서 그러는 거라면 장난감을 들고 "우선 밥 먹고 놀자"라고 대안을 주는 것이다. 혹은 정말로 혼자 먹고 싶어서 그러는 것이라면 밥을 적당히 덜어주고 "그래, 이만큼은 너 혼자 먹어봐"라고 시각적으로 조절을 해준다. 이는 아이의 발달에도 매우 유용하므로 활용하면 좋다.

마지막 네 번째 단계는 최후통첩의 단계다. 세 번째 단계까지 실행했는데도 아이가 말을 안 들을 때 사용하는 방법인데, "너 계속 이러면 엄마가 엉덩이 한 대 때릴 거다", "밥 안 먹고 계속 그러면 밥 치울 거야"라고 선언을 하는 것이다. 제대로 훈육을 하기 위해서 최후통첩은 단호하게 할 필요가 있다.

**TIP**

**감정 및 행동 조절을 위한 4단계 접근 방법**
1단계: 마음 알아주기
2단계: 안 되는 이유를 간단하게 설명해주기
3단계: 대안을 제시해주기
4단계: 단호하게 최후통첩 하기

## 분노를 참지 못하고 터뜨리는 아이

"저리 가!"

"그렇게 하니까 망가지잖아!"

동생이 자기 장난감을 망가뜨리거나 놀이를 방해하면 화를 참지 못하고 과할 정도로 화를 내는 형. 엄마는 걱정이 이만저만이 아니다. 때때로 엄마에게도 분노를 폭발시키는 이 아이의 감정을 어떻게 조절해줄 수 있을까?


형제를 키우는 집에서는 한 번쯤 고민해봤을 만한 문제다. 특히 이 사례의 경우는 떼를 쓰는 수준이 아니라 분노를 폭발시키는 수준까지 간 것이기 때문에 꼭 개선하고 넘어가야 하는 중요한 문제다.

이런 경우 우선은 엄마의 성향과 아이의 성향을 점검해볼 필요가 있다. 예를 들어 아이가 충동적이고 산만한 성향이 있는 경우 감정을 잘 억제하지 못하는데 혹시 우리 아이가 그렇지는 않은지 살펴보아야 한다.

그리고 엄마도 스스로를 점검해봐야 한다. 평소에 지시하고 통제하고 거부하는 양육태도를 자주 보였다면, 아이들은 약간의 틈만 생겨도 엄마가 했던 것처럼 분노를 폭발시키거나 이때를 기회 삼아서 자기 힘을 발휘하려고 한다. 그렇기 때문에 그러한 양육태도를 가지고 있었다면, 이를 최소화하는 것에서부터 출발해야 한다.

또한 부모가 분노 폭발의 모델을 아이에게 많이 보였다면 이를 줄여야 한다. 아이는 부모가 화를 표현하는 모습을 보고 배운다. 엄마가 화내는 모습을 보고 긴장하고 무서워하면서도 '아, 이게 화가 났다는 뜻이구나. 이렇게 하는 거구나' 자연스럽게 학습하게 된다. 그렇다고 무조건 화를 참으라는 말은 아니다. 잘못된 것이 있고 화가 나면 그 감정을 표현할 수 있어야 한다. 그건 감정이 건강하다는 뜻이다. 하지만 감정을 그렇게 폭발시켜서는 안 된다. 화를 표현하되, 분노를 폭발시키는 방법으로 할 것이 아니라 잘못된 것을 지적하고 훈육하는 방식이 되어야 한다. 이것만 잘 지켜도 몇 개월 내에 아이의 문제 행동은 많이 개선될 수 있다.

그리고 형제 간의 갈등을 오히려 교육의 기회로 활용하는 전략을 펼칠 수도 있다. 문제 행동을 할 때 "너 왜 그래?"라고 다그치면 나쁜 행동에 초점이 맞춰지기 때문에 그 행동이 더 강화되는 결과를 낳는다. 아이가 그 행동에 관심을 갖기 때문이다. 이때는 아예 관심을 끊는 것이 좋은 방법이 될 수 있다.

형에게는 아무 말 하지 않고 맞고 있는 동생에게 다가가서 "형이 그러니까 깜짝 놀랐지? 형은 앞으로 이렇게 주먹을 쓰는 게 아니라 말로 하는 방법을 좀 배워야겠다. 엄마가 잘 가르칠게" 하면서 동생을 데리고 나가면 큰아이는 이 상황을 파악하면서 마음을 진정시킬 수 있다. 그런 다음에 엄마가 다시 와서 "너 아까 있었던 일에 대해 어떻게 생각해?" 하며 대화를 시도하면 훨씬 의사소통이 잘 된다.

그리고 아이들이 분노를 폭발시키거나 표현하는 행동을 하는 것은 반드시 제한해야 한다. 이럴 때는 엄격하게 아이와 약속을 하는 것이 좋다. '우리 집에서 말로 다투는 것은 괜찮지만 때리거나 부수는 것은 절대 안 된다, 그런 일이 생기면 벌을 줄 거다, 이건 엄마 아빠가 함께 정한 우리 집의 규칙이다'라고 명확하게 기준을 알려줘야 한다.

TIP

**형제 간의 갈등을 조절하는 방법**
① 엄마의 훈육태도와 아이의 성향을 점검하라.
② 형제 갈등을 잘 조절해 교육의 기회로 활용하라.
③ 지나친 분노 폭발이나 행동은 제한하라.

 ## 밖에만 나가면 조절이 안 되는 아이

자기조절이 안 될 경우 집에서는 엄마들이 전략을 세워 훈육할 수 있다. 그런데 유치원이나 학교에 갔을 때, 즉 엄마 눈에 안 보일 때 자기조절이 잘 되지 않는다면 어떻게 해야 할까?

일단 어릴 때부터 자기조절 능력을 키워주는 훈육 방법을 택했다면, 밖에 나가서도 웬만큼 조절이 된다. 포인트는 오랫동안 지속적으로 이러한 훈육을 해야 한다는 것이다. 일시적인 훈육으로는 효과를 볼 수가 없다. 그런데 정말로 꾸준히 했는데도 불구하고 아이가 자기조절을 잘 못한다면 우선은 엄마가 너무 엄격하게 아이를 대하진 않았는지 살펴봐야 한다. 아이를 지나치게 엄격하게 대할 경우 아이가 분노를 폭발시키는 부작용이 생길 수 있기 때문이다. 또 도가 지나칠 정도로 아이가 산만하다면 되도록 빨리 전문가의 도움을 받을 필요가 있다.

그다음에는 아이가 어떤 때에 감정이 폭발하는지 그 패턴을 파악해야 한다. 그래서 선생님께 어떠한 상황에서 아이가 예민하다는 정보를 주고 지도 편달을 부탁할 필요가 있다.

마지막으로 역할놀이를 많이 하는 것이 좋다. 이를 통해 분노를 억제할 수 있는 기법을 연습할 수 있기 때문이다. 예를 들어 "엄마가 이렇게 할 때는 속으로 하나, 둘, 셋, 이렇게 열까지 세는 거야" 하는 식으로 놀이하는 과정에서 아이가 스스로 감정을 다스리는 방법을 발견할 수 있도록 도울 수도 있다. 또한 아이가 화를 낼 때는 자리를 뜨는 식의 방법을 쓸 수도 있다. 이런 식으로 역할놀이를 하며 아이와 상의해서 자기감정을 억제할 수 있는 전략을 세워 연습하면 많은 도움을 받을 수 있다.

아이의 자기조절 능력은 어느 순간 갑자기 향상되지 않는다. 또한 아무리 연습을 한다고 해도 완벽해질 수는 없다. 그러나 포기하지 말고 꾸준히 성실하게 해나간다면 분명히 한층 성장한 아이를 만날 수 있을 것이다.

# 자기조절의
# 모든 것

지금까지 자기조절에 대해 알아본 것을 하나의 표로 정리하였다. 각 발달 단계별 특징, 양육할 때 주의할 점, 그리고 자기조절 능력을 잘 키웠을 때 얻을 수 있는 것과 그렇지 않았을 때 생기는 단점을 한눈에 볼 수 있도록 정리하였다. 앞서 이야기한 내용을 떠올리며 표를 보면, 많은 도움을 얻을 수 있을 것이다.

| | 만 1세 이전 | 만 1세~만 2세 | 만 3세~ 만 6세 | 학령기 |
|---|---|---|---|---|
| 발달과 형태 | 생리적·감각적 단계, 환경에 대한 반사적·신체적 반응 | 자기통제 단계, 양육자의 요구를 이해하고 지시 및 금지 따르기 가능 | 자기조절 단계, 내재적·자율적 만족지연·억제하기, 반성적 사고를 통해 행동 및 정서조절 | 좀 더 복잡한 책략 사용 단계, 행동조절, 정서조절 |
| 부모의 할 일 | 절대적인 보호와 위안 | 일관성 있는 태도 및 안정된 애착 | 적절한 보상, 언어를 통한 훈육, 함께 가상놀이하기, 또래들과 놀이 경험, 스스로 하는 경험 쌓게 하기 | 좋은 모델링, 언어를 통한 상호작용 |
| 결과 | ·안정감 vs. 불안 | 자기감, 자율성 vs. 불안 | 주도성 vs. 반항의존, 외부적응 X | 근면성, 책임감 vs. 행동문제, 동기 저하, 자기주도 학습 X |

# 자기조절 능력을
# 키워주는 놀이

자기조절 능력은 행동뿐 아니라 주의력과 집중력을 통제하는 능력까지도 포함한다. 예를 들어 주변이 아무리 시끄러워도 아랑곳하지 않고 책을 읽을 수 있는 아이와 조금만 달그락거리는 소리가 나도 금방 집중력이 흩어지는 아이 중 누가 더 자기조절 능력이 좋을까? 말하나 마나 첫 번째 아이다. 그렇기에 자기조절 능력은 향후 학업성취에서도 매우 중요한 역할을 한다. 이렇게 인생의 여러 가지 측면을 좌우하는 자기조절 능력을 아이와 함께 놀이를 통해 키워보도록 하자.

## 1. 상상놀이

상상놀이란 지금까지 이야기했던 역할놀이, 가상놀이와 같은 뜻이다. 소꿉놀이도 이 상상놀이에 속한다. 상상놀이는 아이의 자기조절 능력을 키우는데 매우 효과적인데, 소꿉놀이를 생각하면 이해가 쉬울 것이다. 아이는 소꿉놀이를 하면서 엄마 역할을 하기도 하고, 아빠 역할을 하기도 한다. 또 때로는 형, 오빠, 동생의 역할을 하기도 한다. 그 과정에서 아이는 엄마처럼 말하고 행동하고 아빠처럼 말하고 행동하면서 자신에게 주어진 새로운 역할을 제대로 해내기 위해 노력한다. 그러려면 자신의 평소 행동을 억제해야 하므로 자기조절 능력을 키울 수 있는 것이다.

또 자신이 공룡이 되었다는 상상을 하며 놀이를 한다고 생각해보자. 아이는 자신의 자연스러운 걸음걸이 대신 공룡처럼 팔다리를 움직이면서 평소의 움직임을 억제해야 한다. 이런 과정에서 자연스럽게 자기조절 능력이 생겨나는 것이다.

## 2. 공자 가라사대 게임

'공자 가라사대'라는 말이 앞에 붙었을 때만 지시에 따르는 놀이이다. 예를 들어 "오른손 들어!"라고 말을 할 때는 오른손을 들면 안 되지만, "공자 가라사대, 오른손 들어!"라고 했을 때는 지시에 맞추어 오른손을 드는 방식이다. 단순한 게임 같지만 전두엽이 아직 발달하지 않은 어린아이들은 실수를 거듭한다. 이 게임을 계속 반복하면 실수가 줄어들고 행동억제 능력이 향상된다. 비슷한 게임으로 '청기백기 게임'을 들 수 있다.

## 3. 자기조절 훈련용 컴퓨터 게임

컴퓨터나 스마트폰 등에 너무 어릴 때부터 노출되는 것, 습관적으로 디지털 게임을 하는 것 등은 경계해야 하지만 이를 오히려 선용할 수 있다는 것도 알아둘 필요가 있다.

컴퓨터 게임 중에서도 자기조절 능력을 훈련할 수 있는 것들이 있다. 화면에 O가 나오면 오른쪽 버튼을 누르고 X가 나오면 왼쪽 버튼을 누르는 식의 간단한 게임이 한 예이다.

이러한 훈련을 수십 번씩 되풀이해야 하는데 자기조절이 잘 안 되는 아이들은 금방 싫증을 내거나 지루해하면서 실수를 많이 한다. 집중하기 힘든 조건에서도 지시에 따라 행동을 변화시키거나 행동을 억제해야 하므로 자기조절 능력을 기르는 데 도움이 된다.

## 4. 순서와 차례가 있는 놀이

차례 지키기는 자제력, 자기조절 능력, 만족지연 능력을 훈련시키는 데 매우 도움이 된다. 원하는 것을 얻기 위해 자신의 순서를 참고 기다려야 한다는 것을 알려주는 데에도 놀이가 도움이 될 수 있다. 사탕을 여러 개 펼쳐놓고 엄마가 한 번, 아이가 한 번 하나씩 가져가게 하는 놀이는 아이에게 차례나 순서를 알려줄 뿐만 아니라 자신 외에도 다른 누군가가 있다는 것을 인식하게 한다.

참고: 장유경, 《아이의 가능성》, 예담friend, 2012

# 정서지능이
# 집중력과 도전의식을
# 키운다

## LESSON

# 정서는 인간의 모든 영역에 영향을 미친다

    사회생활을 하다 보면 머리가 좋은데도 성공을 못하는 사람이 있는가 하면, 아무리 봐도 머리는 그리 좋아 보이지 않는데 성공하는 사람이 있다. '저 사람은 능력도 괜찮은데 왜 이렇게 일이 안 풀릴까? 싶은 사람이 있는가 하면 '어떻게 저런 열악한 조건에서도 성공했지? 싶은 사람도 있다. 이 차이는 어디에서 오는 것일까? 바로 정서지능이다. 머리가 아무리 좋아도 정서가 불안하면 원하는 만큼 성취를 할 수도, 성공을 할 수도 없다. 갈수록 정서지능이 대두되는 이유가 여기에 있다.

    "학교 우등생이 사회 우등생은 아니다. 그렇다면 사회 우등생이 가지고 있는 능력은 무엇일까? 그것은 바로 정서지능이며, 정서지능 지수(EQ)가 높은 사람이 사회 우등생이다."

이 말은 하버드대학교의 대니얼 골먼(Daniel Goleman) 박사가 《EQ 감성지능》이라는 저서에서 주장한 내용이다. 이 말만 보더라도 정서가 인생의 성공을 좌우한다는 것을 알 수 있다.

정서지능이 높은 사람은 자신의 정서 정보를 이용하여 자신의 이성적 능력을 더욱 강화시킬 수 있으며, 타인의 정서 정보를 파악해서 이성적으로 인간관계에 활용할 수 있다. 상대방의 감정을 잘 읽어낸다는 것은 상대가 원하는 것이 무엇인지 안다는 뜻이고, 자신의 감정을 통제하고 타인의 욕구와 정서를 결집시키면 목표를 향해 앞으로 나아갈 수 있다. 그렇기에 성공적인 리더가 될 수 있는 것이다.

과거에는 무조건 나를 따르라는 독불장군 같은 사람을 두고 리더십이 있다고 말했지만, 지금은 그렇게 해서는 절대로 리더가 될 수 없다. 오히려 모든 사람에게 외면받기 십상이다. 타인에게 공감하고 자신의 감정과 타인의 감정을 조화롭게 융합해서 목표를 향해 함께 나아가자고 제안할 수 있는 사람이 리더로 존경을 받는다.

아이들에게는 무한한 잠재력이 있다. 이 잠재력을 개발하고 스스로 발전시키는 능력이 바로 정서지능이다. 아이는 정서지능을 통해 자신과 타인을 이해하고 이를 통해 삶에 대한 태도를 결정짓는다. 정서지능은 타고나는 부분보다 후천적으로 키워지는 부분이 훨씬 크므로 우리 아이들이 성공적인 삶, 행복한 삶을 살아갈 수 있도록 정서지능을 개발해주는 데 더 많은 노력을 기울여야 할 것이다.

## 정서지능을 판단하는 4가지 기준

정서지능을 결정하는 요소는 무엇일까? 어떤 사람을 두고 정서지능이 높다고 하는 것일까? 다음의 4가지 기준을 바탕으로 우리 아이의 정서지능은 어느 정도인지 판단해보자. 이 기준을 통해 아이들을 바라보고 부족한 면을 향상시킨다면 어려움을 스스로 극복하고 새로운 것에 도전하고 자신이 정한 목표를 성취하는 행복한 아이로 성장할 수 있다.

### 정서인식 능력

자신과 다른 사람의 감정을 아는 능력을 이른다. 자신의 감정을 느끼고 표현하고, 또 다른 사람의 감정에 공감할 수 있을 때 우리는 정서인식 능력이 높다고 말한다.

### 정서지식 능력

감정을 이해하는 능력을 이른다. 정서적으로 무감한 사람은 감정 자체에 대한 이해가 부족한 경우가 있다. 사람들이 어떤 상황에서 어떤 감정을 느끼고, 그 감정이 무엇을 의미하는 것인지를 알 때 정서지식 능력이 높다고 말할 수 있다.

### 정서활용 능력

감정을 관리하는 능력이다. 감정은 제대로 활용하면 플러스가 되지만 적절하지 않게 감정을 표현하면 엄청난 마이너스 효과를 가지고 온다. 자신의 감정을 적절하고 긍정적인 방향으로 활용하는 사람에게 정서활용 능력이 높다고 말한다.

### 정서조절 능력

상황에 맞게 행동할 수 있도록 감정을 이해하는 능력을 이른다. 우리는 아무 때나 감정을 표출하지 않는다. 어떤 때는 기뻐도 그 기쁨을 감추어야 할 때가 있고, 경우에 따라서는 슬퍼도 슬픔을 참아야 할 때도 있다. 화가 날 때도 마찬가지다. 화가 날 때마다 이를 표출한다면 아마 모든 사람은 서로에게 인상을 쓰고 고함을 지르지 않을까? 감정을 표출할 때와 절제해야 할 때를 아는 사람을 우리는 정서조절 능력이 있다고 말한다.

## 정서지능은 영향력이 세다

그렇다면 정서라는 것이 도대체 무엇일까? 흔히 우리는 감정과 정서라는 말을 함께 사용한다. "너는 참 정서가 풍부해", "너는 정서가 메말랐어"라는 식의 표현에서 '정서'를 '감정'으로 바꾸어도 어색하지 않다. 감정은 정서보다는 조금 더 구체적이고 세분화된 개념이지만, 최근 들어서는 혼용해서 사용하고 있는 추세다. 하지만 감정이나 감성이 기분의 상태 즉 기쁨, 슬픔, 우울, 설렘 등의 민감도를 나타내는 데 반해 정서는 그보다 포괄적인 의미이며 자신의 정서를 이성적으로 다스릴 수 있다는 의미를 내포하고 있다.

또한 정서는 사람이 태어나는 순간부터 행동에 영향을 미치고, 죽을 때까지 행동의 이유가 되는 개별적인 특징이다. 예를 들어 긴장을 할 경우 신체는 움츠러들거나 땀을 흘리거나 말을 더듬는 반응을 보인다. 발표를 하려고 할 때 긴장을 하면, 밤이 새도록 완벽하게 달달 외웠다고 해도 머릿속이 하얗게 변한다. 이처럼 정서는 신체, 인지, 행동 등에 하나부터 열까지 영향을 미친다.

또한 대인관계에 있어서도 어떤 감정에 휘말리면 전후맥락을 전혀 고려할 수 없게 된다. 자기 혼자 오해해서 펄쩍 뛰고 화를 내서 관계를 엉망으로 만드는 때도 있다. 남자아이들의 경우 긴장이 될 때 오히려 주먹이 먼저 나가는 부적절한 행동을 할 수도 있는데, 그래서는 바람직한 인간관계를 맺을 수가 없다. 또한 여자아이들의 경우 긴장될 때 괜히 헛웃음을 지어서 실없는 사람으로 오해를 받을 수도 있다. 반대로 정서가 편안해지면 사회적인 맥락 안에서 기승전결을 잘 생각해낼 수 있고 다른 사람들과 편안하고 좋은 관계를 맺을 수 있게 된다. 이렇듯 정서는 대인관계에도 막대한 영향을 미친다.

특히 아동기 때는 행동 하나하나를 보고 주변에서 아이를 평가하는 경우가 많기 때문에 정서가 훨씬 더 중요한 위치를 차지한다. "이 아이는 어떤 아이야", "쟤는 좀 이상한 것 같아" 등등의 이야기를 들으면, 아이들은 아직 자신에 대한 자존감이 형성되어 있지 않기 때문에 그것으로 자신에 대해 평가를 하기 쉽다. 자기 정체성이 완전히 형성되지도 않은 시기에 그런 평가를 받으면 자신을 정말 그런 사람이라고 믿게 되는 것이다. 그러면 아이는 '나는 원래 그런 사람이니까' 하고 자포자기하는 마음이 생겨서 자기 행동을 돌아보고 개선할 생각을 하지 않게 된다. 악순환이다.

뿐만 아니다. 앞서 말했던 것처럼 정서가 안정되어 있지 않으면 머리가 아무리 좋아도 기능을 제대로 발휘할 수 없다. 아이큐가 130인 아이도 정서지능이 부족하면 수학을 30점 받아 온다. 또 의욕이 없어서 누워만 있는 것도 정서가 안정되지 않아서일 수 있다.

이렇듯 정서는 행동이나 성격 등 인간의 전 영역에 걸쳐 평생 영향을 미치는 중요한 요소다.

정서지능이 높은 사람은 삶의 본질에 충실하고 스스로 노력하면 모든 것을 잘 해결할 수 있다는 긍정적인 생각을 갖는다. 이는 인생을 살아가는 데 있어서 무시할 수 없는 큰 장점이자 강점이다. 정서지능이 높으면 인성도 훌륭하고 자기주장이 확실하며 스트레스 상황을 잘 견딘다. 또한 퇴행이나 위축 행동이 적고 어려움에 봉착했을 때 정면으로 도전할 만큼 용기와 자신감을 가지고 있다. 독립적이고 주도적으로 일을 해나간다는 것도 정서지능이 높은 사람의 특징이다. 열정과 기쁨으로 스스로를 동기화하고 목표달성에 필요한 방법을 쉽게 발견하며, 어려운 상황이나 고통의 감정에 그대로 휩쓸리지 않고 좌절하지 않는다.

##  정서지능의 발달 단계

정서지능은 나이와 연령에 따라서도 발달하지만, 다 자란 이후에도 훈련과 상담, 교육, 경험 등등을 통해 발달시킬 수 있다. 그렇기 때문에 부모 자신도 정서지능이 부족하다고 생각한다면 자신의 상태를 점검해보고, 정서지능을 개발하기 위해 노력해야 한다. 정서지능은 보통 다음과 같은 단계로 발달해나간다.

### 1. 1단계 – 자기감정의 인식

자신의 감정을 정확하게 파악하는 능력을 갖는 것을 말한다. 사람들은 때때로 자신의 감정조차 제대로 파악하지 못하는 경우가 많은데, 어떤 사건에 대해 왜 그렇게 느끼고 어떻게 느끼는지를 아는 사람만이 의식적으로 자신의 감정을 다룰 수 있고 정돈할 수 있다. 일단은 자기감정의 결을 섬세하게 파악하고 인식하는 것이 정서지능 발달의 첫 번째 단계이다.

## 2. 2단계 – 자기감정의 조절

자신의 감정을 알았다고 해서 그 감정을 그대로 드러내고 폭발시키는 것은 정서지능이 높은 사람에게 어울리는 행동이 아니다. 이번 단계는 즐거움이나 분노와 같은 일차적인 감정 상태에서 유발되기 쉬운 직설적인 행동을 유머나 반어법 같은 후천적으로 습득된 교양 있는 행동양식으로 대체하는 단계이다. 아리스토텔레스는 '누구든지 화를 낼 수 있다. 그러나 합당한 대상에게 제대로 된 방식으로 적절하게 화를 내는 것은 쉬운 일이 아니다'라고 말하며 자기감정 조절 능력을 인격의 수준으로 보았다. 화가 난다고 아무 데나 화풀이를 하고, 마음에도 없는 소리로 상대방에게 상처를 준다면 정서지능이 제대로 발달되지 않았다고 보는 것이 옳다.

## 3. 3단계 – 자기동기의 부여

자신에게 동기를 부여하는 능력이 3단계이다. 이는 스스로에게 하고 싶은 마음이 들도록 하는 능력, 잠재 능력을 개발하는 능력이다. 사람은 이성의 동물이기도 하지만 감정의 동물이기도 하다. 아무리 '공부를 해야 나중에 선택할 수 있는 폭이 넓어진다'고 이성적으로 생각한다고 해도 정작 사람을 움직이는 것은 감정이다. '이렇게 놀다가는 정말 나중에 후회하게 될 거야'라는 절실한 감정의 움직임이 있어야 자신에게 동기부여를 할 수 있다. 이렇게 감정을 이용하여 자신에게 동기를 부여할 수 있을 때 정서지능은 한 단계 더 발달한다.

## 4. 4단계 – 타인의 감정 파악

정서지능 발달에 있어서 매우 중요한 단계이다. 오늘날 일어나는 많은 문제들이 다른 사람의 감정은 무시하고 자신의 기분만 앞세우는 데서 발생하기 때문이다. 남이야 상처나 손해를 보든 말든 자신의 이익과 즐거움을 최고로 생각하기 때문에 벌어지는 비극이 얼마나 많은가. 타인의 감정을 파악한다는 것은 타인의 감정에 이입할 수도 있다는 뜻이다. 상대에게 집중하여 경청하려는 자세, 말로 표현되지 않은 생각과 감정까지도 파악하려는 노력을 할 때 타인의 감정을 파악할 수 있고 나아가 공감하고 이입할 수 있다. 이는 진정한 소통의 단계라고 할 수 있다.


## 5. 5단계 – 원만한 대인관계의 유지

상대방과 인간관계를 맺는 능력이다. 세상을 겉도는 방관자가 아니라 세상 속으로 들어가 적극적으로 다른 사람과 어울려 살아가는 능력을 갖추었다면 정서지능이 높다고 할 수 있다. 이는 보통 사람들이 피상적으로 맺는 인간관계와는 그 성격이 다르다. 타인의 아픔을 자신의 책임으로까지 느끼는 단계이다. 미국 카네기멜론대학의 연구에 따르면 책임감이 높고 남을 배려하며, 공감 능력이 뛰어난 사람은 무심코 저지른 행동마저도 타인의 고통이 되지 않을까 두려워한다고 한다. 연구자들은 이러한 죄책감을 감성을 넘는 지성의 수준으로 보았다. 타인의 고통을 자신의 책임으로 느끼는 죄책감의 수준이 높은 사람들은 봉사와 나눔을 실천한다.

사실 5단계까지 정서지능이 발달하는 사람은 매우 드물다. 5단계에 이른 사람을 예로 들자면 테레사 수녀 정도를 꼽을 수 있을 것이다. 하지만 사회에서 사람들과 어울려 함께 행복한 인생을 살아가기 위해서는 4단계까지는 자신을 끌어올릴 필요가 있다. 이것은 아이에게만 해당되는 말이 아니다. 자신의 상태가 아직 4단계까지 이르지 못했다면 스스로도 정서지능을 개발하기 위해 노력해야 할 것이다. 부모의 정서지능이 높아야 아이도 높은 정서지능을 지닐 수 있다.

# 02
## LESSON

# 정서발달은 태어나는
# 순간부터 시작된다

정서는 어느 순간부터 발달되기 시작하는 것일까? 아이는 언제부터 자신의 감정을 알아채고, 또 타인의 감정을 느낄 수 있게 될까? 그리고 어린아이도 자신의 정서를 조절할 수 있을까?

## 영아도 감성을 느끼고 감지한다

태어난 지 6개월쯤 된 신생아들에게도 정서를 인지하고 표현하는 능력이 있는지를 알아보기 위해 한 가지 실험을 해보았다.

두 개의 모니터는 소리는 나지 않고 오로지 표정만을 보여준다. 그리고 소리는 스튜디오 밖에서 나도록 했다. 첫 번째 아이인 규원이는 엄마가 "아이고 예쁘다, 규원아! 으쓱으쓱!" 하고 밝고 기쁜 목소리를 내자 모니터에서 엄마가 웃고 있는 모습을 바라보았다. 또 "엄마가 허리가 아파서 우리 규원이를 못 안아주면 어쩌지?" 하며 슬프고 우울한 목소리를 내자 규원이의 시선이 울상인 엄마의 모습을 향했다. 게다가 표정까지 일그러졌다.

두 번째 아이인 효주도 마찬가지였다. 즐거운 목소리를 들려주니 웃고 있는 엄마의 모습을 쳐다보며 방긋 웃어주기까지 했다. 그런데 슬픈 목소리가 나오자 망설임 없이 반대편의 엄마를 쳐다보았다.

이렇게 실험을 한 결과 다섯 명의 아이 중에서 세 명의 아이가 엄마의 목소리에서 느껴지는 감정을 읽어냈다.

이 실험을 통해 아이는 6개월쯤이 되면 이미 타인의 감정을 분별할 수 있다는 것을 알았다. 목소리와 표정을 통해 다른 사람의 감정을 알아챌 수 있게 되는 것이다.

일부 심리학자는 엄마 뱃속에 있을 때부터 엄마의 목소리 등을 통해 정서를 느낀다고 말하기도 하는데, 일반적으로 아이들은 태어나면서부터 정서에 자극을 받는다. 정서라는 스위치에 스타트 불이 탁 켜지는 것이다.

신생아들은 본질적으로 정서를 나타내지는 않지만, 태어날 때부터 사람의 얼굴, 목소리, 신체적인 접촉을 민감하게 느낄 수 있는 감각을 가지고 태어난다. 처음에는 타인의 존재조차 거의 의식을 하지 못하지만 타고난 반사작용과 신체적, 생리적 불편함이 해소되는 과정을 통해 정서발달의 기초를 다져간다. 아이의 울음에 엄마가 민감하게 반응해주고 애착을 느낄 수 있도록 해주는 것이 중요한 이유가 여기에 있다.

아이가 막 태어났을 때는 흥분 상태에 놓이게 되지만, 시간이 지나면서 기본 감정, 즉 희로애락이라는 감정으로 분화가 된다. 그래서 3개월쯤 되면 아이들은 울고 웃는 것이 가능해지고 자신의 감정을 인지하게 된다. 또 실험에서 본 것처럼 생후 6개월쯤이 되면 타인의 감정도 판별할 수 있게 된다. 아이들이 무엇을 알까 싶지만 사실 아이들도 알 것은 다 아는 것이다.

 아이도 자신의 감정을 조절한다

아이도 자신의 감정을 조절할 수 있는지를 알아보기 위해 다른 실험을 한 가지 해보았다.

**⋯▶ 정서조절 능력 실험**
① 6개월쯤 된 아이들을 모아 아기의 팔을 잡고 움직임을 억제한다.
② 아기의 반응을 관찰한다.

두 팔을 잡자 첫 번째 아이인 가은이는 안간힘을 쓰기 시작했다. 만화영화로 가은이를 달래보려고 했지만 아무런 소용이 없고 울음소리는 점점 거세졌다.

두 번째 아이인 유미는 몸을 비틀어보지만 뜻대로 되지 않자 이내 포기했다. 그리고 자신이 할 수 있는 것이 아무것도 없다고 생각했는지 잠을 청하기 시작했다.

세 번째 아이인 현수는 자신을 불편하게 하는 것이 무엇인지 탐색을 하는 듯 두리번거렸다. 여기저기로 관심을 돌려가면서 꽤 오랫동안 울음을 참아냈다.

실험 결과 짜증을 조절할 방법을 찾지 못한 아이들은 금세 울음을 터뜨린 반면, 그 방법을 찾은 아이들은 좀 더 긴 시간을 울지 않고 버텨내는 것을 확인할 수 있었다.

정서발달에 엄마의 역할도 큰 역할을 하지만, 영아기처럼 초창기일 때는 아이가 타고나는 기질 역시 무시하지 못할 비중을 차지한다. 그래서 외부에서 자극이 들어올 때 그것을 처리하는 속도에 차이가 나는 것이다. 예민하고 까다로운 아이는 조금만 자극이 들어와도 그것을 견뎌내지 못하기 때문에 막 울어버리거나 자지러지고, 또 어떤 경우에는 자극을 견디기 너무 힘드니까 아예 자극의 스위치를 꺼버린다. 멍해지거나 아무것도 안 하고 기진맥진하는 양상으로 반응하는 것이다. 가은이와 유미가 각각의 경우에 해당한다고 볼 수 있다.


## 🌱 아이의 정서발달을 좌우하는 엄마의 민감성

기본적인 감정이 발달하고 분화하는 영아기 때 어떻게 하면 아이의 정서발달을 도울 수 있을까?

엄마에게 가장 필요한 것은 민감성이다. 내 아이가 지금 어떤 감정을 느끼고 있는지를 예민하게 파악해서 알아주고 표현해줘야 한다.

2~3개월쯤 되었을 때 아이에게 예방접종을 했는데, 아이가 주사를 맞고도 아무런 반응 없이 울지도 않고 가만히 있었다. 그래서 엄마가 "우리 지현이, 안 아팠어요?" 라고 했더니 그제야 엄마의 얼굴을 보고 울기 시작했다.

사례의 경우, 지금 당황스럽기는 한데 뭐가 뭔지 몰랐다가 엄마의 얼굴을 보고 나서야 감정을 자각한 후 울음을 터뜨린 것으로 볼 수 있다. 이러한 엄마의 반응은 아이의 감정표현에 도움이 되는 행동이다. 아이의 감정을 포착하고 민감하게 반응을 해주었기 때문이다.

이 시기 아이들은 외부의 자극이 있으면, 뭔가 불쾌하고 이상하기는 하지만 이것이 정확하게 무엇인지 모르고 어쩔 줄을 모른다. 그렇기 때문에 엄마가 빨리 중재를 해주어야 한다. 조그마한 아이에게 세상이라는 거대한 물결이 거침없이 밀고 들어올 때 아이는 공포와 불안을 느낄 수밖에 없다. 이럴 때 엄마는 세상과 아이 사이에서 적절한 중재 역할을 해주어야 한다.

그러한 역할을 하기 위해서 꼭 필요한 것이 바로 민감성인 것이다. 아이들의 울음은 다 같은 울음이 아니다. 어떨 때는 배가 고파서, 기저귀가 불편해서, 몸이 아파서, 또 어떨 때는 놀라서 울 수 있다. 각기 다른 색깔의 감정을 울음으로 표현하는 것이다. 하지만 불철주야 하루 24시간 아이만 들여다보고 있을 수는 없기 때문에 엄마의 민감성이 중요한 것이다. 울음의 미묘한 차이를 민감하게 알아채서 조치를 취해주어야 하기 때문이다.

또한 아이의 감정을 알아주고 표현해주어야 한다. 이 시기 아이들은 언어가 발달되어 있지 않기 때문에 모든 것을 울음이나 웃음으로 표현하는데, 이럴 때 엄마가 "아휴, 아팠어?", 혹은 "기분 좋아요?" 하는 식으로 대신 감정을 표현해주는 것이 좋다. 아무것도 아닌 것처럼 보이지만 이러한 행동이 아이의 정서발달에 굉장히 중요한 역할을 하기 때문이다.

이때 주의해야 할 것이 하나 있다. 엄마 입장에서는 아이에게 애정과 관심을 표현한다고 아이의 볼을 만지거나 껴안을 수 있는데, 지나치면 오히려 부작용이 생길 수도 있다. 아이의 반응을 살피면서 아이가 싫어하면 일단 물러설 수 있어야 한다. 이 부분도 자기조절과 정서발달의 밑거름이 되기 때문이다. 싫다는데도 자꾸 만지고 껴안으면 아이는 이렇게 생각한다. '아, 이건 내가 어떻게 해도 조절이 안 되는구나. 어쩔 수 없는 거구나.' 이렇게 상처받은 아이는 조절에 확신을 갖기 어려워진다.

그렇기 때문에 아이의 반응을 살피면서 아이가 싫어하면 약간 뒤로 물러섰다가 그다음에 아이 컨디션이 좋을 때 다시 표현하는 방식을 써야 한다. 이렇게 아이의 반응을 살피면서 행동할 수 있는 능력 역시 민감성에서 나온다.

그런데 이 방법에도 예외는 있다. 아이의 발달이 지연되어 있는 경우다. 그러한 아이들에게 외부의 자극은 너무 힘들고 귀찮기 때문에 반응성이 좀 떨어진다. 이때는 아이가 싫어하더라도 조금 더 적극적으로 자극을 줄 필요가 있다.

**우울증이 민감성을 해친다**

아이가 영아기일 때는 엄마가 정신을 바짝 차리고 민감하게 아이의 반응을 살펴야 하는데, 그렇게 하고 싶어도 이를 방해하는 것이 있다. 바로 우울증이다. 보통 6개월 정도의 산후우울증은 정상적인 범주 안에 들어간다. 하지만 그 이후에도 증상이 지속되거나 심해진다면 아이의 정서발달에 매우 중요한 이 시기를 통째로 잃어버리는 결과를 낳을 수 있다.

그렇기 때문에 우울증이 오래 지속되거나 심해지면 적극적으로 주변에 알려서 도움을 받는 것이 좋다.

# 떼쓰는 아이, 기다리는 아이, 관심을 돌리는 아이

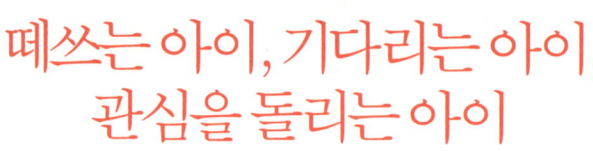

유아기는 정서가 본격적으로 발달하고 세분화되는 시기이다. 또 감정이 굉장히 빈번하고 강렬하고 일시적으로 일어난다는 것도 이 시기의 특징이다. 그래서 부모들은 "우리 아이는 변덕이 너무 심해요"라거나 "애 감정을 도무지 종잡을 수 없다니까요" 하는 말을 하게 된다.

## 감정조절을 위해 책략을 사용하는 유아기

유아기에는 어떤 식으로 정서발달이 이루어질까? 그리고 어떻게 해야 아이의 정서발달을 도울 수 있을까? 이를 알아보기 위해 유아기 중에서도 만 5~6세 아이들을 대상으로 정서발달 실험을 해보았다.

이 실험에는 세 아이가 참여했는데 각기 다른 반응을 보였다. 이는 그 아이의 정서발달 상황을 알려주는 척도가 되기도 하고, 또 아이를 어떤 식으로 훈육해야 하는지를 보여주기도 한다. 아이의 반응, 그리고 엄마와 아이의 상호작용을 주의해서 살펴보기 바란다.

## 1. 떼쓰는 아이

아이가 장난감을 발견하고 신이 나서 달려간다.

"엄마, 이거 해도 돼요?"

"어, 그래. 해."

그렇지만 신이 난 것도 잠시, 생각처럼 쉽게 되지 않자 아이는 점점 심통이 난다.

"엄마, 이거 못하겠어요."

"엄마 지금 바쁘니까 혼자 하는 거야."

"해줘요."

"혼자 해."

"해줘."

"엄마 지금 이거 하고 있잖아. 엄마 바쁘다니까."

"아, 해줘."

"종찬아, 이거 혼자 만드는 거지? 혼자 하는 거라니까."

빨리 장난감을 가지고 놀고 싶은 아이는 애가 탄다. 왜 자기 마음을 몰라주나 싶어서 답답하고 화도 난다. 엄마는 엄마대로 아이가 칭얼대는 것이 못마땅하다. 아이는 포기하지 않고 계속해서 떼를 쓰고 엄마는 급기야 화를 내고 만다.

## 2. 기다리는 아이

두 번째 아이에게도 같은 조건으로 실험을 실시했다. 들어오자마자 마찬가지로 장난감에 호기심을 보였다. 혼자 애써 만들어보려고 하지만 역시 잘 되지 않자 엄마에게 SOS를 보낸다.

"엄마, 이거 해줘."

"유진이가 혼자 하는 거야. 해봐."

다시 해보지만 결과는 마찬가지. 결국 또 엄마를 찾는다.

"엄마, 해줘~"

"안 돼, 혼자 하는 거야."

"해줘, 해줘~"

"아니야, 혼자 하는 거야."

"해줘, 해줘~"

"다시 해봐, 다시 해보고 얘기해."

거듭 시도를 해보지만 장난감을 완성하지 못했다. 하지만 이 아이는 계속해서 보채지 않고 엄마의 일이 끝날 때까지 참고 기다린다.

### 3. 관심을 돌리는 아이

세 번째 아이 역시 장난감에 관심을 보이며 혼자서 조립을 해보려고 노력했다. 하지만 이리저리 만져봐도 모양이 나오지 않자 골똘히 생각에 빠진다. 아이는 엄마에게 바로 도움을 청하지 않고 조금 참고 기다리다가 말을 건다.

"엄마, 이거 어떻게 해요?"

"기다려. 기다리면 엄마가 해줄게."

"기다리면 해줄 거예요?"

기다리는 동안 아이는 장난감에 신경을 쓰지 않으려고 책을 꺼내 본다. 놀고 싶은 마음을 꾹 누르고 엄마가 도와줄 때까지 관심을 다른 데로 돌리려는 아이 나름의 책략인 것이다.


세 아이는 모두 같은 연령대로, 같은 장난감에 관심을 보였다. 하지만 엄마가 도움을 주지 않을 때 보이는 반응은 제각각이었다. 무엇이 이러한 차이를 만드는지에 대해 알아보기 전에 우선은 유아기 감정발달의 일반적이고 전반적인 특징에 대해 살펴보자.

영아기가 기본적인 감정이 생성되는 시기라면, 유아기는 정서가 더 세분화되고 감정조절을 하기 시작한다. 자신과 타인의 감정을 인식하고 이해하기 시작하는 것도 이 시기다. 어렸을 때는 '엄마가 화가 났네', '엄마가 웃네' 정도로만 판별하던 아이들이 이제 '엄마가 지금 무엇 때문에 이런 감정을 느끼는구나' 하고 인식하게 되는 것이다. 자신의 감정에 대해서도 마찬가지다. 화가 날 때, 기쁠 때 자신의 감정을 들여다보며 '내가 지금 왜 이러는 건지'를 이해하기 시작한다.

그래서 뭐가 뭔지 모르는 영아기 때는 울음과 웃음으로 자신의 감정을 있는 그대로 표현하지만, 유아기가 되면 감정을 숨기는 방법을 알게 된다. 분명히 심통이 난 게 보이는데도 이렇게 말한다.

"괜찮아, 아무것도 아니야."

그러다가도 시간이 조금 지난 후에 "너 아까 왜 화가 난 거였어?"라고 달래서 물어보면 그제야 그 이유를 말한다.

이렇듯 감정을 숨기기도 하고 표현하기도 하는 것은, 감정이 훨씬 더 다양해지고 세분화되었기 때문이다. 이러한 변화는 '조절하는 책략'을 세울 수 있게 된 덕이다. 자신의 감정을 조절하기 위해 여러 가지 책략을 세울 수 있게 된다는 뜻이다.

위 실험에서 세 번째 아이는 '책을 보는 책략'을 사용한 셈이다. 지금 당장 놀고 싶고, 완성된 장난감을 손에 넣고 싶은데 그러지 못하는 좌절감과 조바심을 책이라는 다른 관심사로 옮기는 책략을 사용한 것이다. 몸을 구르기도 하고, 밖에 나가서 뛰기도 하고, 아니면 다른 것을 손으로 만지작거리기도 하면서 아이들은 나름대로 자신의 감정을 조절할 수 있는 방법을 조금씩 익혀간다. 그렇지만 아직 어리다 보니, 이 시기 아이들이 쓰는 책략은 미숙하고 눈에 빤히 보일 때가 많다.

## 유아기 정서의 특징

유아기는 정서발달에 있어서 매우 중요한 시기인데, 여러 가지 정서적 특징을 지니기도 한다. 유아기는 어떠한 정서적 특징을 지니는지 살펴보도록 하자.

### 공포

만 3세 말 무렵이 되면 시각적인 것에 공포를 나타내고 4세경에는 공포가 심해지고 이유 없는 공포심이 증가한다. 5세경에는 공포심이 줄어들었다가 6세경이 되면 다시 증가하는데 그 이유는 상상력의 발달, 학습량의 증가, 불확실하고 불충분한 지식 등에서 기인한다. 이 시기에는 악몽을 많이 꾸기도 한다.

### 울음

울음은 신체적, 심리적 상태를 표현하는 수단으로써 심리발달에서 중요한 의미를 지닌다. 아주 어릴 때는 신체적 불편함이나 생리적인 이유나 무섭고 불안하고 불쾌할 때 울음을 터뜨리지만 3세쯤이 되면 분노, 질투, 불만 등을 울음으로 표현한다. 울음이 자기주장의 수단이 되는 것이다. 만 5세경이 되면 울음을 참을 수 있게 된다.

### 분노

하고자 하는 일을 방해받거나 원하는 것을 가질 수 없거나, 요구를 거절당했을 때, 혹은 무엇을 강요당하거나 빼앗겼을 때 저항하는 정서가 바로 분노이다. 유아기에 가장 많이 나타나고 엄마를 곤란하게 하는 정서이기도 하다. 분노는 대부분 욕구불만에서 기인하기 때문에 떼쓰기, 반항, 불순종, 폭발적인 행동, 고집 부리기, 침묵, 앙심 품기, 보복 등으로 나타난다. 3세까지는 울부짖으며 발을 구르거나 땅에서 뒹구는 행동을 보이다가 연령이 증가하면 다소 억제되거나 직접적인 방해물에 화를 낸다. 그러다 4세경이 되면 공격적 행동으로 분노를 표현하고, 5세 말이 되면 공격적인 언어로 분노의 정서를 표현한다.

### 질투

만 1세 반이 되면 질투를 나타내는데, 특히 동생이 생기면 질투와 함께 퇴행적 행동을 보이기도 한다. 퇴행적 행동은 강한 질투를 드러내놓고 표현할 수 없기 때문에 위장

된 행동을 하는 것으로 볼 수 있다. 이는 부모의 애정을 획득하려는 소망의 표현이기도 하다. 5~6세경이 되면 사회성의 발달로 질투표현이 억제된다.

### 기쁨과 애정

2세쯤까지는 기쁨이 웃음이나 동작으로 표현되다가 3세경부터는 언어발달과 함께 기쁨이 언어로 표현된다. 영아기에는 감각적, 운동적, 생리적인 것으로 인해 기쁨이 일어나지만 유아기에 이르면 사회적인 인간관계로 인한 기쁨이 일어난다. 또한 자기의식이 분명해져서 자기를 인정하고 과시할 수 있을 때 기쁨을 느낀다. 유아의 기쁨은 애정과도 관계되어 있어서, 안고 귀여워해주고 쓰다듬어주면 기쁨을 느끼고 웃으면서 자신도 애정을 표현한다.

 무엇이 차이를 만드는가

다시 실험으로 돌아가보자. 세 아이의 반응이 각기 달랐는데, 엄마들의 반응도 약간씩 차이가 있다. 실험에서는 세 엄마 모두에게 아이가 도움을 요청해도 관심을 갖지 말 것을 주문했다.

그런데 첫 번째 엄마는 단호하고 엄격하게 무조건 '안 된다'고만 말했고, 두 번째 엄마는 '다시 해보고 안 되면 그때 말하라'고 약간의 여지를 준다. 그리고 세 번째 엄마는 '엄마 일이 끝날 때까지 기다리면 해준다'고 말한다.

아주 약간의 차이지만 이것이 아이의 행동에 차이를 가져왔음을 알 수 있다. 실험에서만이 아니라 평소에 어떠한 양육태도를 가지고 있었는지를 살짝이나마 엿볼 수 있는 것이다. 물론 이는 아이와 엄마의 상호작용이기 때문에 닭이 먼저냐, 달걀이 먼저냐의 문제처럼 아이가 까다롭게 굴었기 때문에 엄마의 양육태도가 엄격해졌다고 생각할 수도 있다.

이 세 가지 경우는 모두 실험이기 때문에 아이의 요청을 거절하지만, 실제로는 아이가 다른 데로 관심을 돌릴 수 있도록 책략을 제시해주는 것이 가장 좋다. 아이가 무엇인가를 해달라고 조르는데 바빠서 어떻게 해줄 수 없는 경우는 현실에서도 왕왕 있다.

아이 스스로 책략을 세우지 못할 때는 부모가 "잠깐 책 읽고 있어", "퍼즐 잠깐 맞추고 있으면 이것 끝내고 엄마가 도와줄게"라고 방안을 제시해주는 것이 좋다. 아무런 대안도 주지 않으면서 무조건 '하지 마', '혼자 해'라고 지시하고 명령하고 거부적인 양육태도를 보이면 아이들의 정서가 제대로 발달하지 못한다. 대안을 제시해줄 때는 친절하고 애정적인 태도를 보이는 것이 좋다.

부모의 양육태도가 좋으면 좋을수록 아이들이 자기감정을 조절하는 능력과 타인의 감정을 인식하는 능력도 발달한다. 특히 유아기 때는 다른 책략을 잘 사용할 수 있도록 돕는 양육태도와 지혜가 필요하다.

## 🌷 감정은 수용하고 행동은 제한하라

감정이 다양하게 분화되고, 책략을 쓰기 시작하는 이 시기에는 부모의 양육태도가 무척 중요하다. 이때 어떻게 아이들을 훈육하느냐에 따라 정서발달의 수준이 확연히 달라지기 때문이다. 이 시기 양육의 가장 중요한 제1원칙은 바로 이것이다.

'감정은 수용하고, 행동은 제한하라.'

감정을 수용하라는 말은 쉽게 이해가 갈 것이다. 영아기의 아이는 자신의 감정을 제대로 전달하지 못하기 때문에 부모가 이를 민감하게 알아채고 대신 표현해주고 받아들여줘야 한다고 앞에서 말한 바 있다. 유아기에도 아직 정서 발달이 미숙하기 때문에 감정을 잘 수용해줄 필요가 있는 것이다.

하지만 무조건 오냐오냐하는 데서 그쳐서는 안 된다. 감정은 받아주되, 행동은 반드시 제한해야 한다. 예를 들어 아이가 블록놀이를 하다가 확 던졌을 경우를 생각해보자. 보통의 엄마들은 그 모습을 보고 "왜 던져? 그러면 다쳐!"라고 말한다. 하지만 그런 반응보다는 아이가 자신의 미숙한 감정을 더 잘 인식할 수 있도록 도와주어야 한다. 왜 아이가 블록을 던졌는지 그것을 말로 표현해줘야 한다. "그래, 이거 쌓는 게 마음대로 안 돼서 화가 났구나" 하는 식으로 말이다. 그래야 아이도 자신이 어떤 감정으로 블록을 던졌는지 자기감정을 명확하게 인식할 수 있다.

이 단계에서 엄마는 아이를 혼내거나 엄격하게 대하기보다 아이의 행동과 감정을 연결시키면서 공감하는 태도를 보여줘야 한다. 이 과정을 통해 아이는 자신의 감정을 보다 선명하게 인식할 수 있게 된다.

또한 이 과정에서 어째서 그런 행동을 했는지 이유를 물어봐줘야 한다. 이를 통해 아이는 자기 자신에 대한 확신을 가질 수 있다. 예쁘고 착한 행동을 할 때는 누구나 그 아이를 받아줄 수 있다. 그런데 아이가 부정적이고 못난 행동을 보일 때 이를 수용할 수 있는 건 오로지 부모뿐이다. 그렇기 때문에 떼를 쓰거나 부정적인 감정을 표현할 때 부모는 아이의 감정을 잘 받아주고 그 이유를 들어주어야 한다. 그러면 아이는 '아, 내가 이렇게 표현해도 혼나지 않는구나, 괜찮구나' 하는 것을 알게 된다. 그래야 아이들이 스스럼없이 자신의 감정을 표현할 수 있는 길이 열린다. 그러나 아이가 왜 그런 행동을 하고 감정을 표출하는지 그 이유를 들어주지 않으면 아이는 마음이 풀리지 않고, 자기 자신을 확신할 수도 없게 된다.

수용하고 이유를 들어주는 과정 이후에는 행동을 제한한다. "네 마음은 잘 알겠는데, 앞으로는 그러면 안 돼"라고 분명하게 이야기를 해주어야 한다. 이때도 주의할 것이 있다. 너무 길게 이야기하면 아이가 집중하지 못하기 때문에 제한하는 말은 간단해야 한다. 짧게 차근차근 이 단계를 밟으면 행동을 조절하는 데에 많은 도움을 받을 수 있다.


## 좌절은 위로하고 성공은 격려하라

감정을 수용하고 행동을 제한하는 것이 제1원칙이라면, 제2원칙은 '좌절은 위로하고 성공은 격려하는 것'이다. 많은 엄마들이 아이들이 좌절하고 있을 때 위로하고 다독여주기보다 다그치고 화를 낼 때가 많다. 예를 들어 유치원에서 받아쓰기를 했는데, 많이 틀려서 아이가 안 그래도 코가 쑥 빠져 있는데 거기다 대고 "이게 뭐야!"라고 반응한다면 불난 데 기름을 붓는 격이다. 이렇게 실패로 아이가 좌절했을 때는 혼낼 것이 아니라 위로를 해줘야 한다.

그리고 성공 경험을 많이 할 수 있도록 도와주고, 성공했을 때 칭찬하고 격려해주어야 한다. 아주 작은 것도 성공 경험이 될 수 있다. 혼자서 옷을 입었다거나 놀고 난 후 장난감을 깔끔하게 정리한 것도 모두 성공 경험이 될 수 있다.

일상생활에서 찾아보면 이러한 경우는 얼마든지 있다. 그때마다 격려하고 칭찬하면 가랑비에 옷이 젖듯 아이들이 자신감을 갖게 되고, 자기표현도 훨씬 더 자유롭게 하게 된다.

아이가 부족한 것이 있을 때는 위로하기보다는 격려를 해주는 것이 좋다. "괜찮아, 그럴 수도 있지"라고 위로하는 것보다는 "그래, 애썼네. 우리 다시 한 번 해볼까?" 하고 감정을 추스르고 다시 시도할 수 있도록 도와줘야 한다는 뜻이다. 과도한 위로는 오히려 수행에 방해가 된다. 아이는 마음대로 되지 않아서 화가 나고 짜증이 솟구치는데 엄마가 무조건 괜찮다고 하면 '괜찮기는 뭐가 괜찮아!'라는 반응이 나올 수 있기 때문이다. 그럴 때는 위로가 아니라 무엇 때문에 그렇게 속상한지 그 이유를 들어주고 격려해주어야 한다. 이 과정에서 아이는 감정을 조절할 수 있게 되고 표현하는 방법을 배워나간다.


### 놀이가 보약이다

유아기에는 그 무엇보다 다양한 놀이 경험이 중요하다. 유아기 초기에는 신체놀이나 역할놀이 등이 도움이 되고, 조금 더 연령이 높아지면 게임을 하는 것이 좋은데 이 역시 정서발달이나 자기조절에 매우 유용한 도구이다.

게임은 순서와 규칙을 지켜야 하기 때문에, 이를 통해 행동과 감정을 조절할 수 있게 된다. 또한 아이가 게임에 졌을 때는 엄마가 다가가서 "져서 너무 속상하지?" 하며 감정도 읽어줄 수 있다. 게임을 하는 동안에는 아이의 공격성이 드러나기도 하는데, 이를 조절하도록 엄마가 옆에서 도와줄 수 있기 때문에 놀이의 중요성은 아무리 강조해도 지나치지 않다.

놀이라고 해서 너무 어렵게 생각할 필요는 없다. 일상에서도 쉽게 놀이거리를 찾을 수 있다. 엄마와 함께 설거지를 하고 청소를 하고 슈퍼마켓에서 물건을 사오는 것, 이 모두가 놀이가 될 수 있다.

정서조절이든 자기조절이든 잘 되려면, 하나의 전제조건이 필요하다. 바로 엄마와 아이의 관계가 좋아야 한다는 것이다. 엄마와의 관계가 좋지 않으면 지금 당장 눈앞에서는 엄마 말을 들을지 몰라도 돌아서면 다른 행동을 한다. 하지만 관계가 좋은 경우, 스스로 말을 잘 듣게 된다. 놀이가 중요한 이유가 바로 여기에 있다. 놀이는 엄마와 아이의 좋은 관계를 100% 보장해주기 때문이다.

## 04
### LESSON

# 정서지능이 집중력과
# 도전의식을 결정한다

영아기는 기본적인 감정이 발달하고 분화되는 시기이고 유아기는 감정이 더 세분화되면서 조절이 되는 시기다. 유아기까지 정서의 기초가 닦인다고 보면 된다.

그다음 단계인 학령기, 특히 초등학교 저학년은 땅 밟기의 시기이다. 지금껏 닦은 정서의 기초를 꼭꼭 다져서 아이들이 성품을 이루어가는 단계인 것이다. 이 시기에는 훨씬 정서가 복잡다단해진다. 또한 목표를 갖고 그것을 성취하고자 하는 근면성이 생기는 시기이기도 하다.

그런데 이러한 근면성이 제대로 발현될 수 있도록 돕는 것이 바로 정서발달이다. 정서발달이 집중력과 도전의식에 매우 큰 영향을 미치기 때문이다. 이를 실험을 통해 알아보았다.

②~④는 모두 아이들을 흥분시키기 위해 제작진이 연출한 상황이다. 주어진 문제는 아이들 수준에서 충분히 풀 수 있는 평범한 문제이다. 하지만 위급한 상황을 경험했기 때문에 흥분이 가라앉지 않았다면 문제에 집중하기 힘들 것이다.

**정서지능 상위그룹과 정서지능 평균그룹의 정답 개수**

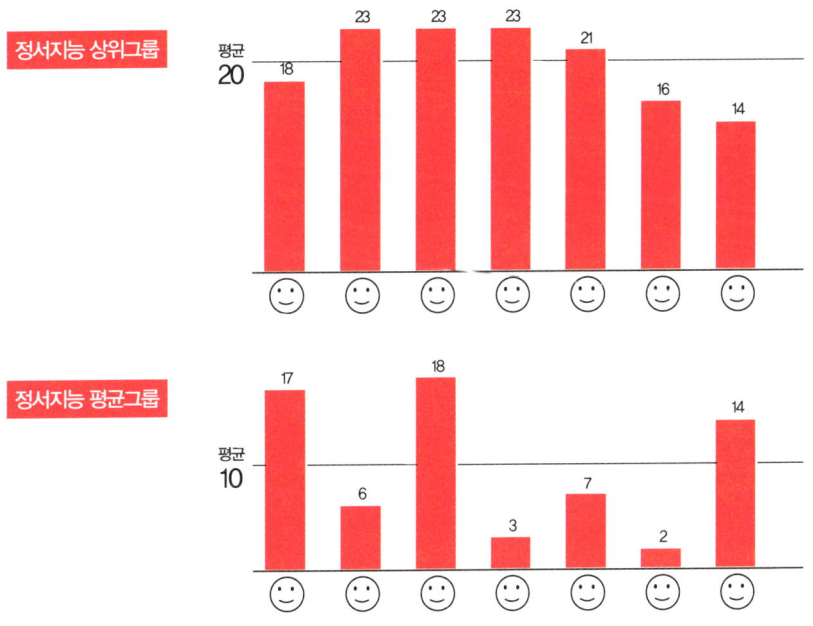

또 싸우는 소리까지 들렸으니 30분 동안 두 번의 소란을 겪은 셈이다. 아이들은 문제를 제대로 풀었을까?

정서지능이 높은 아이들은 적게는 14문제부터 많게는 23문제까지 평균 20문제를 맞혔다. 반면 정서지능이 평균인 아이들은 18문제를 푼 아이가 가장 높은 점수를 얻었고 심지어 단 2문제밖에 풀지 못한 아이도 있다. 이를 통해 정서 발달이 집중력과 성취에 강력한 영향을 미치고 있음을 알 수 있다.

이번에는 다른 실험 상황을 연출해보았다. 이번에는 초등학교 2학년 아이들을 대상으로 하였다.

#### ⋯▶ 정서지능과 목표지향성 관계 실험

① 정서지능이 뛰어난 아이들 두 명으로 구성된 팀과 정서지능이 서로 다른 두 아이로 구성된 두 팀으로 나눈다.
② 젠가 게임을 한다.
③ 젠가를 빼는 과정에서 선생님이 일부러 블록을 무너뜨린다.
④ 두 팀의 반응을 살핀다.

게임이 시작되고, 계획대로 선생님은 임무를 수행했다. 젠가가 와르르 무너지자 정서지능이 높은 팀의 아이들은 웃음을 터뜨리며 다시 게임을 시작하기 위해 젠가를 쌓았다.

아이1: "빨리 쌓아, 빨리 쌓아."

아이2: "빨리 쌓아야 돼, 내가 세 개씩 묶어줄게."

무너졌다는 사실에는 관심이 없고 다음 일만을 생각하는 것이다. 그렇다면 두 번째 팀의 반응은 어떠할까?

젠가가 와르르 무너지자마자 한 아이가 짜증을 내기 시작했다.

아이3: 선생님 왜 치고 난리예요.

선생님: 내가 안 친 것 같은데?

아이3: 와! 완전 거짓말 잘해서.

이런 상황에 몇 번 반복되자 아이3은 아예 게임에 흥미를 잃고 말았다.


사소한 실패에도 아이들의 반응은 참으로 달랐다. 정서지능이 높은 아이들은 실수는 금방 잊고 목표에 집중하는 반면, 정서지능이 낮은 아이는 실수 그 자체에 기운이 빠져서 원래의 목표에 집중하지 못했다.

이 시기 아이들은 근면성이 충분히 발달되지 않으면 오히려 열등감이 발달한다고 한다. 학령기에는 무엇인가를 성취해낸다는 것 자체가 아이들에게 굉장한 과제이다. 그렇기 때문에 실패는 자기발달 과업을 흔들고 아이들의 정서를 건드리는 위기 상황인 것이다. 이때 조절이 잘 안 되면 아이들은 열등감 등에 휩싸여 다른 일로 바로 넘어갈 수 없고 오로지 그것 하나만 바라보게 된다. 아이3이 쓰러진 젠가 때문에 집중을 하지 못했던 것처럼 말이다.

정서지능 안에는 실패의 감정을 인식하고 조절하고 더불어 일상생활에서 무엇인가를 성취하기 위해 자신의 감정을 조절하고 활용하는 능력도 포함되어 있다. 그렇기 때문에 정서지능이 발달한 아이는 열등감에 휩싸이지 않고 실패에 집착하지 않는다. 오히려 더 나은 결과를 얻기 위해서 무엇을 해야 하는지 자기정서를 조절하고, 그다음 단계로 계획을 세워나갈 수 있다. 그렇기 때문에 정서가 곧 성공의 열쇠라고 말하는 것이다.

## 🌱 자신과 타인의 복잡한 감정을 깨닫는 학령기

정서발달은 수행에 아주 큰 영향을 미친다. 유아기 때까지는 목표나 성취에 집중하지 않아도 그냥 넘어갈 수 있지만, 학령기는 단어 그대로 아이들이 공부를 해야 할 시기이기 때문에 부모 입장에서는 더욱 신경이 쓰이게 마련이다.

정서지능이 잘 발달된 아이들은 융통성이 있고, 창의적 사고도 잘하고 집중력도 훨씬 좋다. 그리고 열심히 해야겠다는 동기도 스스로 부여한다. 얼핏 생각하면 지능이 높고 머리가 똑똑한 아이가 이러한 측면에서 더 유리할 것 같지만 사실 이는 지능과는 상관이 없다. 지능이 좋지 않아도 정서지능이 좋다면 이러한 능력을 훨씬 더 잘 발휘할 수 있다. 뿐만 아니라 연구 결과에 따르면 감성지능이 높은 아이들이 계산력과 추리력도 훨씬 높다고 한다.

만약 작은 실패에도 쉽게 좌절하고 자신의 감정을 조절하지 못하는 아이들이 더 큰 실패와 마주친다면 어떻게 될까? 아이들의 정서발달을 적극적으로 도와줘야 하는 이유가 여기에 있다. 우선 이 시기의 특징에 대해서 알아보자.

### 1. 복합적인 정서의 이해

정서발달에 있어서 학령기의 가장 큰 특징은 '복합적인 정서를 이해한다'는 것이다. 아이들이 두 가지의 정서를 모두 이해할 수 있다는 뜻이다. 학령기 아이들은 좋기도 하고 싫기도 하고, 기쁘기도 하고 슬프기도 한 상반된 감정, 즉 양가감정을 이해할 수 있다.

이를 테면 이런 것이다. '엄마는 너무나 좋지만 잔소리하는 엄마는 싫다'는 감정을 학령기 아이들은 이해할 수 있다. 유아기 때까지는 어떻게 한 엄마가 좋을 수도 있고 싫을 수도 있는지 이해가 안 되지만, 학령기가 되면 자신의 상반된 감정을 이해할 수 있게 되는 것이다. 또한 자신의 정서를 이해하는 동시에 타인의 정서도 이해를 할 수 있게 된다.

## 2. 타인의 정서를 세련되게 이해

두 번째 특징은 '타인의 정서를 세련되게 이해할 수 있다'는 것이다. 유아기 때의 이해는 단순한 선에서 그치지만, 학령기가 되면 상대방이 어떤 기분일지를 상상하고 의도를 짐작할 수 있게 된다.

다른 사람의 말이나 행동을 곧이곧대로 받아들이는 것이 아니라 '저 아이가 이렇게 말하는 건 다른 의도가 있을 수도 있을 거야'라는 생각을 할 수 있게 되는 것이다. 예를 들어 좋아하는 여학생이 자신을 보고 싱긋 웃었다고 할 때, 유아기 때라면 단순하게 '저 아이도 나에게 호감을 가지고 있구나'라고 생각하고 손잡고 다니면 즐거운 유치원생활을 할 수 있지만 학령기 때는 그렇지가 않다. '저 아이가 왜 웃었지? 무슨 생각이지? 혹시 내가 자기를 좋아한다는 것을 알았나? 누가 이야기한 것은 아닐까? 그래서 나한테 웃은 건가?' 등등 오만가지 생각을 하게 된다. 뒷면에 다른 의도가 있다는 것을 이해할 수 있기 때문에 아이의 머리와 감정은 한층 더 복잡해질 수밖에 없다.

### 3. 인과관계의 명확한 이해

세 번째로 학령기에는 인과관계를 명확하게 이해할 수 있게 된다. '이렇게 하니까 저 아이가 이런 반응을 보이는구나, 내가 이런 행동을 하니까 엄마가 나를 쳐다보는구나' 등등 A→B의 인과관계를 명확하게 볼 수 있다. 이는 정서조절에도 영향을 미친다.

엄마가 엄청나게 화가 나 있을 때는 까불다가는 혼난다는 것을 알기 때문에 '조용히 숨죽이고 있자, 열심히 공부하는 척하자'라는 생각을 하고 행동할 수 있는 것이다. 학령기는 여러 상황을 고려해서 자신이 어떠한 행동을 하고 무엇을 표현하고 감춰야 하는지를 알게 되는 시기이다.

## 🌱 귀는 키우고 입은 줄여라

학령기에는 아이들의 감정이 복잡해지기 때문에 이 감정을 더 잘 인식해주고 공감해주어야 한다. 그러지 않으면 아이가 감정의 회오리에 휘말려서 조절이 더 안 되기 때문이다.

듣는 귀를 키워서 아이의 말을 잘 들어주는 것이 무엇보다 중요하다. 학령기는 언어와 감정이 많이 발달되어 있기 때문에, 자기감정에 대해 풍부하게 이야기를 많이 한다. 이때 주의할 점은 시시비비를 가리거나 판단하려고 하지 말고 일단 아이가 하는 이야기를 그대로 들어야 한다는 것이다. 대부분 부모가 학교에서 공부를 잘했나, 친구랑 싸우지 않았나, 누가 잘했나, 누가 못했나, 뭐가 문제인가 하는 것에만 관심을 기울이기 쉬운데 그보다는 아이의 마음속에서 요동치는 복잡한 감정에 귀를 기울여야 한다.

복잡한 감정에 휘말려 있을 때 그 감정을 아무도 이해해주지 않으면 아이들은 이 감정에 자신의 에너지를 다 쓰고 만다. 사람의 에너지는 한정되어 있기 때문에 감정에 에너지를 다 소모하고 나면 다른 데에 쓸 힘이 없기 마련이다. 학령기의 가장 중요한 과업인 공부를 할 때 써야 할 에너지가 남아 있지 않다는 뜻이다. 아무리 지능이 높아도 정서가 불안하면 좋은 성적을 받을 수 없고, 지능이 조금 낮아도 정서가 안정적이면 좋은 성적을 받는 이유가 여기에 있다. 자신이 느끼는 복잡한 정서를 조절할 수 있는 힘이 생기면 아이들은 그 남는 에너지로 자기 할 일, 공부를 할 수 있다.

 ## 있는 힘껏 격려하라

아이의 이야기를 잘 듣고 난 후에는 공감하고 격려해야 한다. 이때는 아이들이 '성적'이라는 것을 받기 때문에 다른 사람과 비교도 되고 아이 스스로도 실제적으로 좌절 경험을 많이 한다. 또 집에서는 오냐오냐하면서 자랐는데 밖에서는 규칙을 안 지키면 혼이 난다. 이러한 여러 가지 좌절 경험을 하기 때문에 아이의 감정을 잘 들어주어야 한다. 그리면 정서기 막 혼란스럽다가도 안정이 된다.

"다음번에는 더 잘할 수 있을 거야."

"혼이 나서 섭섭했겠구나. 그렇지만 규칙은 꼭 지켜야지. 넌 잘해나갈 수 있을 거야."

"그럴 수도 있지, 뭐. 그런 걸로 기죽지 마. 사람은 한두 번 실수할 수도 있는 거고 노력하면 분명히 금방 좋은 결과를 얻을 수 있을 거야."

이렇게 잘 들어주고 격려한 후에 이런저런 훈육을 하면 그 이야기를 아이가 훨씬 설득력 있게 받아들일 수 있다.

## ❤️ 선택하고 결정하게 하라

요즘 '헬리콥터 맘'이라는 말이 유행이다. 아이들 주변을 맴돌면서 지나치게 자녀의 일에 간섭하고 과잉보호하는 엄마를 이르는 말이다. 이런 경우, 아이들은 자신의 인생을 주체적으로 살아갈 수 없게 된다.

학령기 때부터는 자신의 일을 스스로 선택할 수 있는 선택권을 주기 시작해야 한다. 그렇다고 해서 학교에 갈래, 말래 하는 식의 선택권을 주라는 뜻은 아니다. 정확하게 주어진 틀 안에서 짬뽕과 짜장면 중 하나를 선택하라고 제시해야 한다.

이렇게 선택할 수 있는 틀 안에서는 마음껏 아이들이 선택할 수 있는 기회를 많이 줘야 한다. 이것이 나중에 인생의 중요한 결정을 아이 스스로 할 수 있게 하는 토대가 되기 때문이다.

또한 이때는 논리적, 귀납적으로 사고하는 것이 아직은 조금 어려울 때이다. 이를 발달시키기 위해서는 생활 속에서 많은 경험을 할 필요가 있다. 여러 가지를 경험하고 성공과 실패를 거듭하면서 아이는 스스로 자기 인생을 책임질 수 있게 된다.

**아이의 감정, 이렇게 코치하라**

① 감정을 포착한다.

② 친해지고 가르치는 기회로 삼는다.

③ 감정을 들어주며 공감한다.

④ 감정을 표현하도록 도와준다.

⑤ 아이 스스로 문제를 해결할 수 있도록 한다.

## 05
#### LESSON

# 사춘기 아이에게는
# 공감이 필요하다

정서발달에 있어서 놓쳐서는 안 되는 시기가 바로 사춘기이다. 많은 부모들이 영아기, 유아기의 발달이 중요하다는 생각을 해서 그 시기에 모든 에너지를 쏟아붓고 지쳐서는 이제는 신경을 덜 써도 되겠지 하는 태도를 보이는데, 사실 정서발달에 있어서 가장 중요한 시기는 사춘기이다.

### 폭발적인 발달이 일어나는 사춘기

사춘기가 중요한 이유는 이때 뇌발달이 급진적으로 이루어지기 때문이다. 대부분은 만 5세까지 두뇌가 많이 발달한다고 생각하는데, 사춘기는 영유아기 때 이상으로 폭발적으로 뇌가 발달한다. 그중에서도 전두엽이 발달하는데, 충동을 조절하고 이성적인 사고를 가능하게 하는 영역이 바로 전두엽이다. 이 전두엽이 제대로 발달할 수 있도록 돕는 것이 사춘기 정서발달의 중요한 포인트라고 할 수 있다.

그런데 문제는 아직 브레이크가 형성되지 않았다는 데 있다. 어디까지 해야 하는 것인지에 대한 명확한 기준이 없기 때문에, 무엇을 어떻게 해야 할지 몰라서 혼란스러워하는 시기가 바로 사춘기이다.

또한 이 시기에는 이성보다 감정적인 발달이 많이 이루어지는데, 이 역시 뇌와 관련이 있다. 어른들은 어떤 사건이 생기면 그것을 전두엽을 사용해서 파악한다. 이성적으로 사고한다는 뜻이다. 그렇지만 아이들은 편도체라는 감정중추로 먼저 반응을 한다. 그래서 어떤 자극이 들어오면 감정이 먼저 움직인다.

엄마가 뭐라고 한마디 하면, "뭐라고요? 내가 뭘 어쨌다고 그래요?"라고 벌컥 화를 내는 이유도 이와 같다. 엄마 입장에서는 황당할 수밖에 없다. 이해하려야 이해할 수 없는 행동을 많이 해서 사춘기 아이들을 외계인이나 이방인으로 부르기도 하는 이유가 여기에 있다.

## 뇌발달을 이해하고 공감하라

사춘기 아이들의 감정과 행동은 어디로 튈지 모르는 럭비공과 같다. 그래서 많은 부모가 이 시기에는 그냥 건드리지 않고 가만히 두는 것이 상책이라고 생각하기도 한다. 하지만 이는 명백한 실수다.

사춘기는 아직 미성숙한 뇌가 폭발적인 발달을 이루는 시기이기 때문에, 성숙한 뇌를 지닌 성인이 옆에서 잘 관리하고 지도해줘야 한다.

그런데 제대로 지도하고 발달을 도우려면 아이의 정서를 건드려서는 안 된다. 이 시기 아이들은 정서적으로 반응을 하기 때문에, 일단은 정서를 잘 다독거려서 안정시켜야 아이들이 이성적으로 사고할 수 있고 전두엽이 제자리를 잡을 수 있다.

그렇기 때문에 가장 먼저 해야 할 일은 아이들의 정서를 잘 달래는 일이다. 그러기 위해서는 부모가 뇌발달에 대해 이해를 할 필요가 있다. 아이들이 일부러 말을 안 듣는 것이 아니다. 90% 정도는 자기도 어쩔 수 없이 말을 안 듣게 되는 경우다. 자기 스스로 통제가 안 되기 때문이다. 아이가 종잡을 수 없는 행동을 하거나 감정적으로 대응할 때는 '아, 이건 뇌가 시켜서 이러는 거구나' 하고 이해를 해줄 필요가 있다.

### ♥♥ 공감만이 살 길이다

"그럼 그렇지, 누가 제 애비 자식 아니랄까 봐."

"너는 머리는 뒀다가 언제 쓰니, 폼으로 달고 다니니?"

아이가 감정적으로 나올 때, 부모까지 이렇게 감정적 반응을 보이면 이건 불난 집에 기름을 붓는 것과 마찬가지다. 안 그래도 감정적으로 반응하는 아이에게 감정의 폭탄을 던지는 것과 다름없다.

이러한 감정적 표현은 절대로 사용하지 않도록 주의해야 한다. 대신 아이의 상황에 맞춰 아이에게 공감하고 인격을 존중하는 대화를 하도록 노력한다.

또한 아이가 잘난 척을 해도 잘 받아줄 필요가 있다. 이 시기에는 구체적인 사고가 부족해서 앞뒤를 잘 가리지 않는데, 그러면서도 자신이 모든 것을 할 수 있다고 생각한다. 공부도 안 하면서 1등을 할 수 있다고 하고, 그래서 막상 공부를 하라고 하면 하기 싫다고 하는 둥 사리에 맞지 않는 행동을 해도 조금은 이해를 해줘야 한다는 뜻이다.

또한 이때는 독립을 위해 처절한 투쟁을 하는 시기이기도 하다. 아무것도 아닌데 괜히 반항을 하고 부모와 거리를 두려는 이유가 여기에 있다. 이는 모두 이성이 아니라 정서의 문제인데, 이 정서를 부모가 따뜻하게 이해하면서 견디면 아이들도 스스로 자신의 행동을 반성하게 된다. 그러한 과정을 통해 조절 능력도 더 많이 생겨난다.

**TIP**

**사춘기 정서발달의 특징**
① 뇌발달이 급진적으로 이루어지는 시기이다.
② 구체적인 사고가 부족한 시기이다.
③ 독립을 위해 엄마와 거리를 두는 시기이다.

# 정서발달의
# 모든 것

앞서 살펴본 정서발달의 단계별 특징과 아이의 정서를 원활하게 발달시키기 위해서는 부모가 어떠한 역할을 해야 하는지를 하나의 표로 정리해보았다. 내 아이가 어떠한 식으로 감정을 느끼고 표현하는지, 왜 그런지를 알 수 있을 뿐 아니라 정서를 풍부하고 건강하게 길러주기 위해서는 어떻게 해야 하는지를 알 수 있을 것이다. 정서란 타고나는 것이 아니라 후천적으로 형성되는 것이다. 아이의 정서발달 단계를 제대로 이해하고, 아이에게 적절한 양육태도를 보여준다면 틀림없이 정서지능이 높은 사람으로 성장할 수 있을 것이다.

|  | 내용 | 부모의 할 일 |
|---|---|---|
| 영아기 | 기본 감정 발달, 타인의 감정 분별(6개월), 신체반응으로 표현 | 민감성, 감정 알아주고 표현하기, 우울증 주의 |
| 유아기 | 정서의 세분화 및 조절 시작, 자신과 타인의 감정 인식 이해, 감정 숨기고 표현하기, 감정 및 행동조절 책략 사용 (미숙함) | 감정은 수용하고 행동은 제한하라, 좌절은 위로하고 성공은 격려하라, 다양한 놀이 경험 |
| 학령기 | 복합 정서 이해, 타인의 정서 세련되게 이해, 인과관계의 명확한 이해, 상황에 따른 정서조절 | 경청, 격려, 선택권 주기, 경험하게 하기 |
| 사춘기 | 뇌발달 팽창으로 뒤죽박죽이 되는 아이, 이성보다는 감정적으로 반응 | 뇌발달 이해, 공감만이 살 길, 인격 존중 대화, 잘난 척 받아주기 |

# 에릭슨의
# 정서발달 8단계

자아심리학의 대표적 이론가인 에릭슨(Erik Homburger Erikson)은 인간은 평생에 걸쳐 사회정서를 발달시킨다고 주장하며, 출생에서 노년까지를 8단계로 나누었다. 이는 에릭슨이 정신분석학에 사회적, 문화적 영향도 고려하는 발달 이론을 제안한 결과이다. 그는 성장하는 것은 무엇이나 그 바탕을 가지고 있으며 그 바탕에서부터 부분들이 생겨나고 각 부분들은 그것이 생겨나는 특수한 시기가 있으며, 모든 부분들이 다 생겨난 이후에 비로소 전체로서 기능하는 형태를 이룰 수 있다고 보았다.

정서 역시 서로 관련된 단계들을 통해 점진적으로 형성된다고 생각했다. 에릭슨이 제안한 각 발달 단계는 변환기이며, 이 변환기에는 바람직한 것과 위험한 것이 동시에 포함되어 있다. 각 단계에는 특유의 과제가 있는데 이 과제를 완수하고 핵심적 위기를 성공적으로 해결했을 때 성공적인 발달이 이루어진다고 보았다. 즉 각 단계는 단절된 것이 아니라 아이는 연속되고 축적되며 불안과 갈등을 겪으면서 성장한다고 파악했다.

각 단계의 발달 과제와 위기를 살펴보며 어떠한 점에 유의해 양육을 해야 하는지 힌트를 발견할 수 있을 것이다.

TIP

에릭슨(Erik Homburger Erikson, 1902~1994)
정신분석, 특히 자아심리학의 대표적 이론가이다. 특히 '정체성' 개념을
도입해 프로이트 이후에 정신분석학 자아심리학을 비약적으로 발전시
켰다. 유태계 덴마크인의 아들로 프랑크푸르트에서 태어났으며 1933년
에 미국으로 건너가 하버드, 예일, 캘리포니아대학에서 학생들을 가르쳤
다. 동일성(Identity), 자아동일성(Ego Identity), 동일성 위기(Identity Crisis),
동일성 확산(Identity Diffusion), 기본적 신뢰(Basic Trust), 모라토리움
(Moratorium) 등의 개념이 유명하다.

## 1. 영아기(0세~만 2세): 신뢰감 vs. 불신감

양육자와의 상호작용이 중요한 시기이다.

— 신뢰감 : 양육자의 따뜻한 눈길, 수유, 접촉 등 깊은 보살핌을 통해 형성된
다. 엄마의 일관성 있는 반응과 스킨십, 즉각적인 반응 속에서 영아는 타인에
대한 믿음과 편안함, 의존감, 신뢰감을 형성한다.

— 불신감 : 기본적인 양육에서 엄마의 보살핌이 적절하지 못했거나 일관성이
없고 거부적인 경우에는 불신감이 형성된다.

## 2. 유아기(만 2세~만 4세): 자율성 vs. 수치심

아이 스스로 외부 세계를 탐색하기 시작하고 자율성을 획득하며, 부모와 아이
사이에 통제를 둘러싼 갈등이 치열해진다.

— 자율성 : 부모가 아이의 의사를 묵살하지 않고 사회적으로 기대되는 행동
을 가르치면, 아이는 자율성을 형성하고 사회적 규제에 잘 적응한다.

— 수치심 : 아이는 자신의 통제 능력이 미약하고 외부 압력자를 통제할 수 없
다는 무력감으로 수치심과 회의를 갖게 된다.

— 의지와 의심 : 위기를 성공적으로 극복하면 의지력이 생기며, 실패한 아이는 자신의 의지력을 불신할 뿐만 아니라 다른 사람도 자신을 지배하고 이용하려 한다고 불신함으로써 의심에 빠지게 된다.

## 3. 학령전기(만 4세~만 6세): 주도성 vs. 죄의식

놀이를 통해 자신이 궁극적으로 완전한 인간이 되어야 한다는 목적을 깨닫는 시기이다. 신체적으로 더 자유롭고 격렬하게 움직이고, 무제한의 목표를 수립한다. 언어능력의 발달로 이해의 폭이 증가한다.

— 주도성 : 놀이, 탐구, 시도 및 실패, 장난감 사용 연습 등을 아이 스스로 탐색하고 독립적으로 행동하도록 격려할 때 형성된다.

— 죄의식 : 반대로 기회를 부여하지 않고 과도하게 꾸지람을 하거나 무시하면 자신감을 잃고, 죄의식이 형성된다.

## 4. 학령기(만 6세~만 12세): 근면성 vs. 열등감

공식적인 공교육을 통해 문화에 대한 기초기능을 배우고 중요한 과업과 사회적 기술을 학습하는 시기이다.

— 근면성 : 또래와 협동하고 어울리는 능력뿐 아니라 연역적 추리, 자기통제 등의 능력을 발휘한다. 일을 성취하기 위해 열정적으로 참여하고 그 과업을 완수할 경우 발달한다.

— 열등감 : 자신의 능력이나 지위가 또래에 비해 부족하다고 느끼면 학습 추구에 대한 용기를 상실하게 된다.

## 5. 청소년기(만 12세~20세): 자아정체감 확립 vs. 자아정체감 혼란

급격한 신체 성장과 생식기의 성숙이 일어나는 시기이다. 내적 통일성과 일관성에 대한 확신이 중요하다.

— 자아정체감 확립 : 내적 충동, 재능, 기회 등 아동기에 획득한 자기가치가 통합적으로 작용하여 형성된다. 사회적 역할을 강화하려고 시도하고 직면한 과제를 해결하는 과정을 통해 확립된다.

— 자아정체감 혼란 : 급격한 신체 성장이나 거대한 사회질서가 가하는 요구에 따른 부담감으로 생겨난다.


## 6. 성인 초기(만 20세~만 35세): 친밀감 vs. 고립감

일과 사랑의 끊임없는 탐색과 도전을 통해 자아가 발달하는 시기이다.

— 친밀감 : 합리적인 자아정체감이 확립되었을 때 형성된다.

— 고립감 : 갈등을 성공적으로 해결하지 못해 실패하면 고립감에 빠지거나, 혹은 진지한 관계를 맺지 못하고 난잡하고 일시적인 관계를 통해 거짓된 친밀 관계를 만들어낸다.


## 7. 중장년기(만 35세~만 60세): 생산성 vs. 침체감

다음 세대를 양육하는 것이 가장 중요한 과업이 되는 시기이다.

— 생산성 : 직업이나 여가활동을 통해 창조성을 키워나가고, 이기주의를 성공적으로 극복하면 타인을 배려하고 보호할 수 있는 능력이 형성된다.

— 침체감 : 후세대를 양육하고 가르치며 지도감독하는 활동에서 실패하면, 개인의 욕구나 안위가 주된 관심사가 되어 자기도취, 타인거부, 권위주의, 이기주의가 생기고 인생무상이나 절망감을 느끼게 된다.


## 8. 노년기(만 60세 이후): 자아통합 vs. 절망감

신체적, 사회적 상실에 직면하여 수용하거나 절망하는 시기이다.

— 자아통합 : 후회가 별로 없고 생산적인 인생을 살았고, 성공뿐 아니라 실패

에도 잘 대처한 개인은 자아통합을 성취할 수 있다.

— 절망감 : 성공적으로 갈등을 해결하지 못한 경우 절망에 빠져 죽음을 두려워하게 되고, 존재에 대한 의미를 느끼지 못하며 자신과 타인에 대한 신념을 상실하게 된다.

# 정서지능
# 체크리스트

부모의 정서지능과 아이의 정서지능은 정비례 관계를 보인다고 한다. 부모가 자신의 감정을 잘 다스리고 타인에게 공감하는 능력이 있다면 이는 양육태도로 이어지고 아이의 정서지능에도 그대로 영향을 미치기 때문이다. 다음은 아이보다는 부모 자신의 정서지능을 체크해보는 데 활용할 만한 간단한 체크리스트이다. 아래 각 문항에 자신에게 해당하는 내용에 체크하고 자신의 정서지능을 점검해보기 바란다.

### 해석

0~15점 : 정서지능이 낮기 때문에 전문적인 자료들을 참고하여 이를 향상시키기 위해 노력을 기울여야 한다. 전문적인 조언을 해줄 수 있는 사람에게 도움을 받는 것도 좋다.

16~30점 : 정서지능이 평균 범위에 위치해 있다. 물론 스스로 더 향상시킬 수 있으며, 특히 점수대가 비교적 낮다면 더욱 그렇다. 체크리스트의 문항을 살펴보고 점수를 올릴 수 있을 만한 행동영역을 파악하고, 더 나은 인간관계를 나누고 자기 정서에 대해 더 많이 인식하는 방향으로 삶을 재편성해야 한다.

| 나의 정서지능 수준은 어느 정도인가? | 대체로 그렇다 | 대체로 그렇지 않다 |
|---|---|---|
| 1. 속이 탈 때도 평정심을 유지하는가? | | |
| 2. 과거의 실수에 대해 죄책감을 느끼거나 극도로 불편한가? | | |
| 3. 결심만 하면 누구나 사랑하고 존중할 수 있는가? | | |
| 4. 미래에 대해 과도하게 걱정하는가? | | |
| 5. 다른 사람에 대해 참고 인내하는가? | | |
| 6. 시샘이 많은가? | | |
| 7. 자신의 모습에 만족하는가? | | |
| 8. 화내고 짜증내는 편인가? | | |
| 9. 다른 사람과 좋은 관계를 맺는가? | | |
| 10. 스스로 너무 많이 비난하는가? | | |
| 11. 대인관계 문제에 대해 좋은 해결책을 생각해 내는가? | | |
| 12. 슬프고 낙담하는 편인가? | | |
| 13. 다른 사람의 진정한 의도를 쉽게 알아차리는가? | | |
| 14. 자기에 대해 수치심을 자주 경험하는가? | | |
| 15. 감동 받거나 낙담될 때 그 이유를 꼭 집어 말할 수 있는가? | | |
| 16. 자신의 느낌과 감정을 말하기가 매우 어려운가? | | |
| 17. 감동 받거나 낙담될 때 어떻게 극복해야 하는지 아는가? | | |
| 18. 스트레스는 결코 끝나지 않는다는 생각을 갖고 있는가? | | |
| 19. 인정과 칭찬의 말을 그 당사자에게 건네는가? | | |
| 20. 일이 잘못되면 가혹하게 자책하는가? | | |

홀수 번 : '그렇다'를 2점씩 / 짝수 번 : '그렇지 않다'를 2점씩 계산하여 합산한다.

PART
5

# 내 아이의
# 기질에 맞게
# 사회성을 키워라

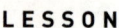

## 01
### LESSON

# 더불어 살기 위해
# 꼭 필요한 능력, 사회성

부모 세대가 자랄 때만 해도 '아이들은 그냥 두면 저절로 자란다, 사회성은 알아서 발달한다'고 생각했다. 그런데 '알아서 잘하겠지' 싶었던 똑똑한 아이가 성인이 되어 능력은 좋은데 사회성이 부족해서 적응을 잘 못하는 일이 왕왕 벌어지기도 한다. 정말 심각하게는 자기만 생각하고 자기만 사랑해서 남을 전혀 고려하지 못하는 성격장애가 될 수도 있다.

사람은 누구나 혼자서 살 수 없고, 다른 사람과 더불어 살아야 한다. 사회성은 선택이 아니라 필수라는 말이다. 아무리 뛰어난 능력이 있어도 그것을 사회적 관계 안에서 발휘할 수 없으면 아무런 소용이 없다. 그렇기에 사회성의 중요성이 날이 갈수록 부각되고 있는 것이다.

또한 사회성은 여럿이 모여 살면 자연스럽게 생기는 것인데, 요즘 아이들은 옛날보다 훨씬 소수 집단 안에서 살아가고 있기 때문에 더욱 그 중요성이 강조되는 측면이 있다. 예전에야 대가족이 한집에서 살고 동네 사람들이 모두 한 식구처럼 지냈지만, 요즘은 맞벌이하는 집도 많고 외동으로 자라는 아이들도 많기 때문이다. 예전에 비해 아이가 사회적 관계에 노출되는 시기나 양이 줄어들었기 때문에 신경을 써줘야 하는 것이다.

 친해지고 싶다는 생각이 사회성의 시작

많은 사람들이 인사성이 밝고 적극적이고 먼저 나서서 일을 하는 사람을 보고 사회성이 좋다고 생각하는데, 사실 사회성은 이와 다르다. 일단 가장 중요한 것은 다른 사람과 친해지고 싶다는 생각을 해야 하고, 그 사람에게 다가가서 친밀한 관계를 맺을 수 있어야 사회성이 발달했다고 볼 수 있다. 또 그 친밀한 관계를 유지할 수 있어야 한다.

**TIP**

**사회성이 좋은 아이 vs. 적극적인 아이**
말 잘하고, 인사 잘하고, 손을 들어 발표를 잘하는 아이가 사회성이 좋은 걸까? 그건 부모의 착각일 뿐이다. 이 경우는 적극적인 아이일 뿐이지 사회성이 좋다고 말하기는 이르다. 다른 사람과 친밀한 관계를 맺고 싶어하고, 타인과 그러한 관계를 맺고 유지하는 능력이 있는 아이가 사회성이 좋은 아이이다.

사회성이 중요하다고 하니, 많은 부모들이 아이가 너무 어릴 때부터 걱정을 사서 하는 경향이 있다.

낯선 사람을 보고 울어도, 친구들 앞에 못 나서고 쑥스러워할 때도, 놀이터에서 아이들과 잘 어울리지 못해도 혹시 사회성이 부족한 건 아닐까 걱정을 한다. 하지만 사실 사회성이란 너무 어린 시절부터 논할 수 있는 성질이 아니다. 언어와 인지, 정서조절 능력 등이 충분히 발달되고 조합된 후에야 사회성을 논할 수 있다. 나이로 말하면 열 살 이후, 사춘기 정도가 사회성 유무를 이야기할 수 있는 시기인 것이다.

정말 이 사람이 관계를 형성하는 능력을 가지고 있는지, 판단할 수 있는 나이는 우리가 생각하는 것보다 훨씬 늦다. 유아기, 초등학교 저학년 때 아이가 보이는 모습은 아이가 가지고 태어난 기질이지, 사회성이 좋다거나 부족하다고 말할 수는 없다. 때문에 사회성을 기르기 위해 노력하는 것은 좋지만 평가는 나중으로 미루는 것이 바람직하다.

부모가 할 일은 싹도 나기 전에 콩이 날까 팥이 날까 걱정하는 것이 아니다. 걱정하고 평가하고 조치를 취하는 것은 싹이 난 이후에 해도 충분하다. 싹이 날 때까지 그저 시기에 맞추어 아이들에 물을 주고, 땅을 돋아주고, 햇볕을 잘 쬘 수 있도록 도와주는 것이 부모의 역할인 것이다.

이제 각 시기에 맞추어 아이들이 사회성을 어떻게 잘 도와줄 것인지 알아보도록 하자.

## LESSON

# 영아기의 사회성발달은
# 애착이 80%다

사회성이 발달된 상태로 태어나는 아이는 한 명도 없다. 사회성은 살아가면서 조금씩 발달해나가는 것이다. 하지만 그렇다고 해서 부모가 도와줄 수 있는 것이 아무것도 없는 것은 아니다.

영아기라고 하면 아이가 너무 어리기 때문에 사회성과 관련해서 부모가 할 일이 거의 없다고 생각할 수 있다. 아이들은 집에서 한 발짝도 안 나가고 누워서 배고프면 울고, 기저귀 젖으면 우는 것밖에 하는 일이 없기 때문이나. 다른 사람을 만나야 사회성을 논할 수 있다고 생각하기 때문에 영아기와 사회성을 쉽게 연관 지어 생각할 수 없는 것이다. 하지만 사실 영아기는 사회성의 발달이 굉장히 많이 이루어지는 시기이다.

사회성이라는 것은 기본적으로 '내'가 있고 '대상'이 있어서 그 관계를 인식하는 것이다. 그러나 아이가 태어날 때는 '내'가 '나'라는 것도 잘 모른다. '내가 나고, 엄마는 엄마이고, 책상은 책상이다'라는 것을 인식하지 못하는 것이다. 영아기는 나와 세상이 구별되지 않는 상태에서 조금씩 구별을 시작하는 단계라고 할 수 있다.

이때 아이들은 자신의 신체를 주목하면서 신체적 정체성을 느끼기 시작한다. 처음에는 자기 몸을 보고도 무엇인지 잘 모르다가 움직이면서 자기 뜻대로 팔다리가 움직여진다는 것을 알아챈다. 이렇게 자기 신체를 충분히 탐색한 후 아이는 그것이 외부에 있는 대상이 아니라 자기 자신이라는 것을 깨닫는다. 이 것이 사회성의 첫 단계이다.

그다음에는 다른 사람을 탐색하고 인식하기 시작한다. 엄마를 알아보고, 눈을 마주치고, 익숙한 얼굴과 그렇지 않은 얼굴에 반응을 하고 상호작용을 한다. 영아기는 스스로를 인식하고 엄마나 다른 사람과 자신이 분리된 존재라는 것을 깨달으면서 하나의 개체로 성장해나가는 시기이다. 나와 세상의 관계를 인식하는 것이 사회성의 기본이라고 할 때, 그 기본이 형성되는 시기가 바로 영아기인 것이다.

## 사회성의 토양인 애착을 형성하라

많은 엄마들이 좋은 친구를 사귈 수 있게 해주고, 좋은 환경을 만들어주고, 좋은 교육을 시켜야 사회성의 기초가 형성된다고 생각한다. 그러나 사회성은 애착이 80% 이상을 차지한다. 애착은 사회성이라는 건물의 기본 뼈대인 셈이다.

나와 남의 관계가 원활하려면 본인 스스로에 대해서도 긍정적인 인식을 가지고 있어야 하고, 타인 또한 자신에게 좋은 존재라는 인식을 가져야 한다. 이러한 인식이 바로 영아기 때 애착을 통해 형성된다.

내가 울면 엄마가 얼른 다가와서 밥을 주거나 기저귀를 갈아주거나 달래준다. 이렇게 안정적으로 애착이 형성되면 '내가 신호를 보내면 세상이 반응을 보이는구나'라는 생각을 하게 되고, 그런 아이들은 나중에 친구들에게도 쉽게 다가갈 수 있게 된다. 그래서 애착을 사회성의 초석이 되는 내부 작동 모델이라고 한다. '내가 이렇게 하면 저렇게 반응을 해줄 거야'라는 기초 틀을 만들어주는 기반이기 때문이다.

아기가 세상에 태어나 최초로 관계를 형성하는 대상은 바로 부모다. 그중에서도 가장 많은 시간을 함께 보내는 사람은 엄마이다. 세상에서 처음 만나는 대상과 관계를 어떻게 맺느냐는 이후 다른 사람과의 관계를 형성하는 데 엄청난 영향을 미친다. 누누이 말하지만 그래서 애착이 중요한 것이다. 영아의 사회성 발달을 위해서는 영아가 처음 관계를 맺는 대상인 엄마와 긍정적인 애착을 형성하는 일이 선행되어야 한다.

애착은 태어나서 학령기 전까지 사회성의 대부분을 차지한다. 세상과 타인에 대해 내가 어떻게 느껴야 하는지, 무엇을 기대해야 하는지가 이 시기에 결정된다.

## 🌱 아이와 눈을 맞추어라

안정적인 애착을 형성하고 아이의 사회성을 키워주기 위해, 가장 먼저 해야 할 것은 눈을 자주 맞추는 것이다. 가끔 다른 사람의 눈을 잘 쳐다보지 못하는 사람이 있다. 대화를 나누면서도 이리저리 눈을 굴리고, 불안한 느낌을 자아내는 사람들. 그런 사람과 이야기를 나누다 보면 '나를 무시하나, 나를 싫어하나' 싶은 생각이 들기 마련이다. 그런 사람들은 어렸을 때 안정적인 애착관계를 맺지 못해서일 수 있다.

아이는 엄마와의 눈맞춤을 통해, '나를 사랑하는 사람이 나를 쳐다봐주고 그 사람을 쳐다보는 것이 상호작용의 시작'이라는 것을 알아나간다. 그다음에 아이가 웃으면 엄마가 같이 웃어주고, 아이가 찡그리면 어디가 아픈가 싶어서 같이 얼굴을 찡그린다. 감정을 교환하는 것이다. 누군가가 자신의 감정을 알아준다는 것은 사회성이 발달하는 과정에서 가장 기본이 되어준다.

또한 스킨십도 중요하다. 만져주고 마사지하고, 아이가 울면 적당히 쓰다듬으며 위로를 해주는 것이 좋다. 시선과 몸을 통한 기본적인 접촉을 충분히 해주는 것이 이 시기의 애착을 튼튼히 해주는 방법이다.

**TIP**

**영아기 사회성을 키우는 방법**
① 아이와 눈 맞추기
② 아이가 웃거나 찡그릴 때 공감해주기
③ 스킨십을 많이 하는 놀이하기

## 🌱 아이의 기질을 고려하라

사회성을 생각할 때 고려해야 할 것 중 하나가 바로 기질이다. 기질은 간단히 말해 태어날 때 가지고 태어난 성격이라고 보면 된다. '한 어미의 자식도 아롱이다롱이'라는 말이 있듯이 똑같은 부모에게서 태어난 아이도 차이가 있기 마련이다.

어떤 아이는 태어날 때부터 까다롭고 울음이 많고 예민하고, 또 어떤 아이는 순둥이처럼 방긋방긋 잘 웃는다. 이러한 기질도 사회성에 큰 영향을 미친다. 사람들에게 접근해서 반응을 얻으려는 기질적 특징이 높은 아이가 있고 낮은 아이가 있기 때문이다. 이러한 특징이 높은 아이는 사람들에게 달라붙고 자신을 쳐다봐줬으면 하고, 봐줬을 때 좋아한다. 반면 이러한 기질적 특징이 낮은 아이는 안아줘도 썩 좋아하지 않고 혼자서도 잘 논다.

낯설고 새로운 자극에 대한 불안 정도도 태어날 때부터 정해져 있다. 그래서 새로운 것을 보면 달려드는 아이가 있고, 새로운 것을 보면 뒤로 숨는 아이가 있다. 이것을 애착의 문제로 착각해서는 안 된다. 타고난 기질이 다르면 반응이 다를 수밖에 없다는 것을 이해해야 한다.

낯선 상황에 대한 불안 수준이 높은 아이들은 사람을 대할 때도 똑같은 반응을 보인다. 익숙한 사람과는 잘 지내는데, 새로운 사람과는 그러지 못하고 익숙한 관계가 될 때까지 꽤 시간이 걸린다. 이는 아이들이 각자 타고난 기질에 따른 것이기 때문에 이를 사회성으로 평가해서는 안 된다. 아이들의 기질을 인정해줘야 하는데, 그걸 무시하고 사회성이 없다고 떠밀어서는 좋은 결과를 기대하기 어렵다는 말이다.

또한 요즘 아이와 충분한 시간을 함께 보낼 수 없어서 고민하는 엄마들도 많은데, 이 역시 아이의 기질과 많은 관련이 있다. 요즘 일하는 엄마는 늘어나고 있는데, 대부분 육아휴직은 3개월 정도밖에 되지 않는다. 3개월이 지난 후에는 일터로 돌아가야 하는데, 그러려면 아이는 다른 사람 손에 맡기거나 대리 양육자를 구해야 한다. 이럴 때는 어떻게 사회성의 기초 토대를 닦아줄 수 있을까?

아이와 함께 보낼 수 있는 시간이 부족한데, 아이와 안정적인 애착관계를 형성하고 싶다는 건 사실 어려운 이야기이다. 현실적으로 양립 불가능한 일이기 때문이다. 이럴 때에는 아이 입장에서 엄마로서 최선의 조합을 생각해야 한다. 회사에 나가야 하는 일정 시간 동안에는 아이와 애착을 잘 형성할 수 있는 대리 양육자를 구해야 한다. 하지만 대리 양육자와의 애착뿐 아니라 엄마와의 애착도 중요하다. 왜냐하면 대리 양육자는 어디까지나 대리일 뿐 계속해서 아이 곁에 있어줄 수 없기 때문이다.

애착을 형성하기 위해서는 '동시적인 일과'가 필수적이다. 아이가 깰 때 깨어 있고, 잘 때 자고, 먹을 때 먹는 반응을 해주는 것이 바로 동시적인 일과이다. 그렇지만 일하는 엄마는 아이와 함께 일상을 보내고 아이의 행동에 그때그때 반응해주는 시간의 총량이 적을 수밖에 없다. 그렇기 때문에 어렵더라도 하루에 일정한 시간 이상은 아이에게 반응하고 관심을 주는 시간이 필요하다.

그러한 최소한의 시간은 아이의 기질에 따라 다를 수 있다. 엄마가 아이에게 관심을 기울이다 보면 아이에게 어느 정도의 시간이 필요한지를 느낄 수 있다. 엄마가 직장을 나가기 시작하면서부터 굉장히 많이 아프고 어린이집에서 계속 우는 아이가 있는가 하면, 잘 지내는 아이도 있다. 이는 아이의 기질에 따라 결정된다. 엄마와의 분리를 훨씬 더 큰 스트레스로 받아들이는 아이도 있고 덜한 아이도 있다는 뜻이다. 아이가 아프고 건강이 안 좋아지고 울고 보채는 현상이 좋아지지 않는다면, 아이는 기질적으로 엄마와 분리될 준비가 안 되어 있다고 봐야 하다. 그럴 때는 엄마가 지금보다 훨씬 더 오랜 시간을 아이에게 반응하고 관심을 기울여주어야 한다.

## 03
### LESSON

# 유아기에는 놀이를 통해 사회성을 배운다

유아기는 사회성을 꽃 피우는 중요한 시기이다. 아이들의 자기인식은 이 시기에 훨씬 더 성숙해진다. 나와 엄마, 나와 책상, 나와 컵 등의 구분뿐 아니라 자신에 대한 정체성이 생겨나기 시작한다. '나는 남자야', '나는 여자야' 같은 인식이 생기고, 자신이 어떤 사람인지에 대해 좀 더 분명한 생각을 갖게 된다. 이 시기의 아이가 변덕스럽게 느껴지는 이유도 거기에 있다.

"오늘은 이 옷 입자."

"싫어! 저 옷 입을 거야."

아이가 이렇게 말하는 이유는, 엄마 말을 그대로 따르면 자신과 엄마가 분리된 사람이라는 느낌이 없기 때문이다. 그래서 멀쩡하게 좋아하던 옷도 엄마가 입으라고 하면 다른 옷을 입겠다고 고집을 피우기도 한다. 그 사람과 다른 의견을 말해야 자신이 분리된 사람이라고 느껴지기 때문이다.

　이러한 과정을 거쳐서 아이의 자아는 점점 더 견고하고 단단해진다. 자신이 단단해진 다음부터는 다른 사람과 본격적으로 관계를 맺을 수 있게 된다. 사회성은 나와 대상과의 관계인데, 이때부터 본격적으로 사회성이 발휘되기 시작하는 것이다.

　다른 아이들은 무엇을 하며 노나, 어떤 걸 가지고 노나 등을 궁금해하고 그들을 소통의 대상으로 느낀다.

## 자기통제 능력을 키워라

　그런데 다른 아이들에게 관심을 갖는다 해도 아이들끼리 사이좋게 잘 놀기란 여간 어려운 일이 아니다. 아이들과 놀고 싶다고 해서 기껏 자리를 마련해줘도 5분에 한 번씩 티격태격하기 일쑤이다.

　다른 아이들과 어울리기 시작하면서 사회성에 대한 고민은 더 깊어지기 시작한다. 사실 이때는 아이들을 때리고 할퀴고 꼬집는 행동도 많이 나타난다. 이 시기는 사회성의 싹이 아주 조금 나온 것에 불과하다. 그 싹이 조금씩 올라오는 단계이기 때문에 관심과 호기심이 생기는 시기이다. 서로 교류를 하는 것이 사회성이고, 교류를 하려면 타인에게 관심이 있어야 한다. 그런데 이 시기 아이들은 관심은 있지만, 자신의 생각이나 행동을 통제하지 못한다.

　저 아이에게 관심이 있고 사이좋게 지내고 싶지만, 그 아이가 가지고 놀고 있는 장난감이 좋아 보이면 자기가 가지고 놀아야 직성이 풀린다. 그렇기 때문에 이때는 자기통제 능력을 키워줘야만 한다.

"너희 둘 다 이거 좋아하는구나. 그래도 싸우면 안 되지. 차례대로 가지고 놀자."

"너는 잠깐 다른 거 가지고 놀래?"

"네가 먼저 양보해줄래?"

이런 식으로 통제와 양보를 가르쳐주어야 사회성이 제대로 발달할 수 있다. 또한 일관성 있는 훈육이 매우 중요하다.

놀이를 통해 사회성을 가르쳐주는 것도 좋다. 이전까지는 구르고 뛰어다니며 몸을 쓰는 놀이를 했다면, 이제는 순서와 규칙이 있는 놀이를 조금씩 도입해서 사회성을 가르쳐줄 필요가 있다.

## 자기표현 능력이 사회성을 키운다

자기조절 못지않게 사회성에 중요한 것이 자기표현이다. 자기표현을 잘 못하는 경우 사회성이 떨어질 수 있다. 다른 사람과 소통하고 대화하고 관계를 맺을 때는 자기조절 능력과 자기표현 능력이 필수적이다. 타인과 대화를 나누려면 자신의 반응을 조절할 수 있어야 하기 때문에 자기조절 능력이 필요하고, 또한 표현을 할 때는 상대방이 이해하고 받아들일 수 있는 방식으로 해야 하기 때문에 자기표현 능력이 필요하다. 자신이 하고 싶은 대로 하는 것이 아니라 상대방을 고려해야 하기 때문에 조절과 표현이 균형을 이루어야 하는 것이다.

## 🌱 놀이와 시간을 관리하라

유아기는 친구에게 관심은 있는데, 친구와 협동하거나 친구에게 양보하는 것은 잘 되지 않는 시기이다. 그래서 아주 쉽게 싸움이 생긴다. 또한 집중하는 시간도 굉장히 짧다.

아이들끼리 모아놓으면 블록을 쌓으면서 놀다가도 누군가 금방 또 다른 놀이를 한다고 해서 다툼이 일어나기도 한다. 그 외에도 싸우고 다툴 일은 부지기수다. 물론 울고 다투는 것도 자연스러운 경험 중 하나이지만, 그러다가 갈등이 커지거나 아이들이 다칠 수도 있기 때문에 부모의 중재가 필요하다.

그런데 많은 엄마들이 아이들은 아이들끼리 놀게 하고 엄마들은 거실에서 차를 마시며 이야기를 한다. 실제로 어떤 집에서는 엄마가 매일 아이를 그렇게 놀게 했는데, 나중에 아이가 너무 스트레스를 받아서 친구들과 놀기 싫다고 말했다고 한다. 해결책은 아이들과의 놀이 시간을 없애는 것이었다. 엄마는 우리 집에 온 손님에게는 양보하라고 가르치기 때문에 오후 내내 아이는 장난감을 친구에게 양보해야만 했다. 엄마에게 아무리 말을 해도 엄마는 "네가 양보해야지"라는 말만 했기 때문에 이런 상황이 한두 달 지속되면서 아이가 굉장히 스트레스를 받은 것이다.

엄마는 싸울 것 같으면 그 전에 미리 중재하고, 놀이나 놀이 시간에 책임을 지고 상황을 관리해야 한다.

**친구와 놀 시간을 주어야 사회성이 발달한다**

친구와의 놀이 시간은 사회성발달을 다지는 데 매우 중요하다. 또한 아이들에게 가장 행복한 시간이기도 하다. 이때 친구 사귀기에 서툴러서 원만한 또래관계를 맺지 못하면 마음이 편치 않고, 편치 않은 마음 상태로는 공부에 집중할 수도 없다.

아이들은 두 돌 무렵부터 혼자 노는 것보다 친구와 함께 노는 것을 더 즐거워한다. 만 4세부터 6세까지는 사회성발달에 아주 중요한 시기이므로 적절한 또래관계를 형성할 수 있도록 환경을 조성해줄 필요가 있다.

또한 초등학교 시절은 또래관계가 더욱 단단해지는 시기이다. 요즘에는 초등학교에 들어가기 전부터 아이들에게 공부를 강조하는 경향이 있는데, 공부보다도 친구와 함께하는 시간이 훨씬 더 중요하다는 것을 인식할 필요가 있다. 공부도 중요하지만 균형 있는 발달을 위해서는 친구와 함께 노는 시간이 반드시 필요하다.

사회성은 아이들과 놀면서 다져진다. 이 부분은 부모가 어찌해줄 수 없는 부분이다. 그러나 환경은 충분히 조성해줄 수 있다. 또래가 많은 곳에 아이를 보내서 친구를 사귈 기회를 주고, 친구 집에 놀러 가도록 하고 친구를 집으로 초청하는 행동도 적극적으로 할 필요가 있다.

내 아이의 하루 스케줄이 균형 있는 발달을 위해 잘 짜여 있는지 점검해보자. 공부 시간과 친구와 함께 놀 시간을 적절하게 배분해야 한다는 것을 잊지 말기 바란다.

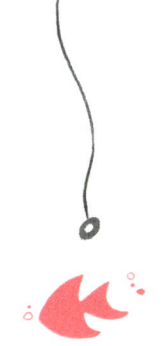

# 04
## LESSON

# 기질에 맞게
# 사회성을 키워라

아이들을 모두 똑같은 방법으로 키울 수는 없는 법이다. 어떤 아이에게는 긍정적인 효과를 낸 방법이 다른 아이에게는 부작용을 가져올 수도 있다. 특히나 사회성의 경우, 아이들의 기질에 따라 반응이 천차만별이기 때문에 우선적으로 기질을 고려해야 한다.

내 아이가 어떤 유형인지, 아이를 양육할 때 어떤 점에 주의해야 하는지 점검하고 그에 따라 훈육 방법을 달리해야 해야 사회성발달에 도움이 될 것이다.

###  내성적이고 소심한 아이

흔히 남들 앞에 잘 나서고, 아이들을 잘 이끌고, 또래들과 우르르 몰려다니는 아이를 사회성 있는 아이라고 생각한다. 그래서 앞에 잘 나서지 못하고 뒤로 숨는 아이가 있으면 엄마들은 등을 떠밀어서라도 친구들과 어울리도록 하고 싶어한다. 아이가 좀 더 활발하고 아이들과 적극적으로 어울리기 바라는 마음에 아이가 친구들과 어울려 놀 수 있는 기회를 만들어주려고 애를 쓴다.

놀이터에 데리고 나가고, 또래 아이들에게 가보라고 말하거나 집에서는 잘하면서 왜 남들 앞에서는 못하냐며 노래를 시키기도 한다. 하지만 이러한 상황은 수줍음이 많고 내성적인 아이에게는 너무나 큰 스트레스 상황이다. 또한 아이의 적응을 방해하는 좋지 않은 방법이기도 하다.

### 1. 아이에게 친근한 공간을 택해라

우선 장소는 낯선 곳보다는 아이가 편안하고 친근하게 느끼는 곳을 택하는 것이 좋다. 그중에서도 집이 제일 좋고, 친구를 초대할 때는 한꺼번에 많은 친구를 부르면 오히려 아이가 소외되기 쉬우니 일대일 상황을 만들어주는 것이 좋다. 소그룹으로 시작해서 점점 인원을 늘려가는 연습을 하도록 환경을 만들어주어야 한다.

### 2. 적정한 놀이 시간을 제공해라

또한 너무 긴 시간 함께 놀게 하기보다, 아이가 부담을 느끼지 않도록 적당한 시간을 제공해야 한다. 서서히, 편안하게 타인 또는 세상과의 만남을 시작할 수 있도록 배려할 때, 아이의 사회성은 건강하게 발달할 수 있다.

### 3. 부정적인 평가를 삼가라

중요한 것은 아이에게 소심하다는 말을 안 쓰는 것이다. 소심하다는 말을 듣고 긍정적인 기분이 들 사람은 없다. 부정적인 평가이고 비난이 될 수 있기 때문이다. 아이가 조금 그런 성향이 있다고 해도 그걸 변명해준답시고 "우리 아이가 좀 소심해요"라고 말하는 경우가 있는데, 그것이 아이에게는 상처가 될 수 있으므로 주의해야 한다.

소심하다는 건 아이에게 사회적인 낙인이 될 수 있다. 사실 사람들이 소심하다고 말하는 아이들은 세상에 대해 조금 더 낯설게 느끼고 조심성이 많은 것뿐이다. 부족한 것이 아니라 조금 다를 뿐이다.

### 4. 때를 기다려라

이런 아이들은 친숙해지는 데 다른 아이들보다 시간이 조금 더 걸리는 기질을 타고났다. 그렇기 때문에 아이가 편안하게 느낄 때까지 기다려줘야 한다.

예를 들어 유치원 등에서 아이들에게 연극을 보여주러 갔을 때 막이 올라가고 깜깜해지면 우는 아이들이 있다. 그러면 엄마 입장에서는 들어간 돈도 아깝고 왜 이런 좋은 교육적 기회를 활용을 못하나 싶어서 답답해질 수 있다. 하지만 아이에게는 그저 깜깜하고 무서운 곳일 수 있다는 것을 이해해야 한다. 이럴 때 역시 부모는 기다려줄 필요가 있다. 아이가 무섭다는데 굳이 그 나이에 봐야 할 필요는 없다. 놀이기구도 마찬가지다. 아이는 무섭다는데 "이것도 못 타?"라고 아이를 다그쳐서는 안 된다. 그럴 이유도 필요도 없을뿐더러 도움이 전혀 되지 않는다. 오히려 과잉자극이 되어 두려움을 더 키울 수 있다.

자기 의견만 앞세우는 욕심쟁이

이번에는 놀이를 할 때 자기 의견만 앞세우는 유형에 대해 알아보자. 친구의 의견은 듣지 않고, 자기 말을 듣지 않으면 냅다 화를 내고 싸우려드는 이기적인 아이에게는 어떤 방법을 써야 할까?

이기적이라는 것은 나의 관점만 있지, 상대방의 관점이 없는 경우다. 지금 당장 먹고 싶은 걸 먹어야 하고, 하고 싶은 건 해야 직성이 풀린다. 그런데 이런 것이 정말 타고난 기질인지, 혹은 가정환경이나 훈육의 문제인지를 살펴볼 필요가 있다.

### 1. 집에서부터 자기조절 능력을 키워라

요즘은 외동아이가 많기 때문에 오냐오냐하며 키우는 경우가 많다.

"나 지금 안 먹을 거야."

"그래, 그럼 나중에 먹자."

"나 이거 하고 싶어."

"어, 그랬어? 그럼 해야지."

이런 식으로 아이의 모든 요구를 받아주면 아이는 결국 다른 사람이 자신의 뜻을 안 들어준다는 것을 상상할 수 없게 된다. 그리고 그런 상황이 닥쳤을 때 화를 참을 수 없게 되는 것이다. 아이는 그저 자신의 뜻을 표현했을 뿐인데, 지금껏 아무런 제재를 받지 않고 하고 싶은 대로 했기 때문에 그 외의 상황을 받아들이지 못하는 것이다.

이럴 때는 부모가 조금 더 엄격하게 규칙을 만들고 아이가 따를 수 있도록 훈육해야 한다.

"지금은 조금 기다려야 해. 왜냐하면 엄마는 지금 할 수가 없거든."

"하기 싫어도 해야 해. 그래야 엄마랑 그다음에 이걸 할 수 있어."

"먹기 싫은 것도 먹어야지. 그래야 튼튼해져."

이런 식으로 엄마, 아빠의 입장을 이해시켜야 한다. 많은 부모들이 집에서는 아이의 요구를 다 받아주면서, 밖에서는 그러지 못하도록 훈육하곤 한다. 아이가 욕심을 부리고 이기적인 모습을 보이면 다른 사람에게 보이기 민망하고 화가 나기 때문이다. 하지만 집에서는 무엇이든 마음대로 하도록 놓아두고서는 다른 사람과 함께 있을 때는 양보하라고 하면 아이 입장에서는 받아들이기 어려울 수밖에 없다.

그렇기 때문에 "다른 사람들에게 그러면 안 돼"라고 말하기 전에 엄마 아빠와 함께 있을 때부터 양보하고 참는 교육을 시켜야 한다.

"지금은 기다려야 해. 너도 엄마 아빠를 도와줘야 해."

집에서 충분히 가르쳐야 아이가 밖에 나가서 이기적으로 행동하지 않을 수 있다.

## 2. 짧은 훈육이 효과적이다

이때 주의할 점은 잔소리가 지나치게 길면 효과를 기대할 수 없다는 것이다. 엄마가 화가 났든지 말든지 아이는 듣는 둥 마는 둥 하기 십상이다. 이럴 때는 간단하게 요점만 말해주는 것이 좋고, 일단 아이가 이야기에 집중할 수 있도록 마음을 안정시켜주어야 한다.

TIP

**욕심 많은 아이와의 대화법**
① 아이를 조용히 앉힌다.
② 무릎 위에 손을 올려놓도록 시킨다.
③ 말하는 사람을 바라보게 한다.

## 3. 아이의 감정을 가라앉혀라

아이가 자기감정을 주체하지 못하고 격앙되어 있을 때는 같이 화를 내서는 안 된다. 우선 아이가 마음을 가라앉힐 수 있도록 도와준 후에 차근차근 가르쳐주어야 한다. 또한 규칙을 정해서 모든 것을 자기 마음대로 하는 것이 아니라, 다른 사람과 함께 나누고 협동해야 좋은 결과를 얻을 수 있다는 것을 알려주는 것이 좋다.

## 놀이를 진득하게 못하는 산만한 아이

언뜻 보면 활발해 보이지만 한 자리에 오래 앉아 있지 못하고, 놀이를 해도 진득하게 하나를 하지 못하는 아이들이 있다. 이런 아이들은 잘 놀다가도 갑자기 다른 놀이를 해서 친구들이 싫어하는 경우도 종종 있다.

하지만 아이가 장난감을 이것저것 꺼내놓고 논다고 해서 산만하다고 무조건 걱정을 할 필요는 없다. 사실 집중하는 능력이나 시간은 나이에 따라서 굉장히 편차가 크기 때문에, 또래에 비해 한 가지 놀이를 지속하는 시간이 유난히 짧지만 않다면 크게 걱정하지 않아도 된다.

아이들 참관수업을 가서 우리 아이만 보고 있으면 엄청나게 산만해서 '쟤가 왜 저러지, 공부를 하는 거야 마는 거야, 수업은 안 듣고 그냥 학교에 왔다 갔다만 하고 있구나' 싶을 때가 있다. 그런데 잠깐 옆을 보면 옆에 앉은 아이도 똑같고 뒤를 보면 뒤에 앉은 아이는 더하다. 그러면 우리 아이가 산만한 것이 아니라 그 연령대의 아이들이 집중하는 시간이 그 정도라고 이해하면 된다. 산만함이 그 나이에 맞는 정상적인 범위인지, 아니면 그 이상인지 파악해야 하는 것이다.

## 1. 악기를 가르쳐라

아이가 지나치게 산만한 경향을 보인다면, 잘못된 행동을 정확하게 알려주고 인내심을 가지고 한 가지를 오래 할 수 있도록 악기를 가르치는 것이 좋다.

악기는 악보라는 약속을 지키는 것이기 때문에 아이가 억제 능력을 키울 수 있다. 규제가 있지만 재미있게 배울 수 있기 때문에 그 과정에서 아이가 규칙에 적응할 수 있도록 도울 수 있다. 또한 악기 연주는 자기표현을 도와주는 놀이이기 때문에 도움이 된다.

## 2. 규칙이 있는 게임을 시켜라

또 친구들과 놀 때도 아이가 집중력을 높일 수 있는 게임을 할 수 있도록 하는 것도 좋은 방법이다. 답답하다고 무조건 화를 낼 것이 아니라 아이들과 협동하고 한 가지에 집중할 수 있도록 연습을 시켜주어야 한다.

청기백기 게임의 경우, '청기 올려'라는 말에 따르려면 청기는 올리고 백기는 올리지 않고 가만히 있어야 한다. 악기를 배울 때와 마찬가지로 일종의 억제 능력을 키울 수 있는 것이다. 산만한 아이의 문제는 하지 말아야 할 때 하고, 해야 할 때 안 하는 것이기 때문에 이러한 규칙이 있는 게임을 계속하면 산만함을 자제하는 데 도움이 될 수 있다.

**TIP**

**산만한 아이 사회성 키워주기**
① 잘못된 행동은 정확하게 알려주고 한 가지를 오래 할 수 있도록 악기를 가르쳐준다.
② 아이의 집중력을 높일 수 있는 게임을 하게 한다.

또한 하나를 오랫동안 하는 것도 집중력이지만 이것을 하다가 다른 것으로 옮겨가는 것도 집중력이라는 것을 알아야 한다.

"TV 그만 보고 씻어!"

"게임은 그만하고 이제 잘 시간이야."

이렇게 말해도 아이들은 말을 잘 듣지 않는다. 자신이 좋아하는 것은 누구나 오래 할 수 있다. 그렇기 때문에 이는 집중력의 지표가 될 수 없고, 해야 할 것을 자기 나이대에 할 수 있는 만큼 하고 끊어야 할 것은 적당히 하고 끊을 수 있어야 한다.

어떤 엄마는 "우리 애는 게임을 다섯 시간도 하는데, 왜 산만하다고 그러지요?"라고 묻는데, 좋아하는 게임을 오랫동안 하는 것은 집중력의 지표가 될 수 없다. 오히려 그만해야 할 때 그만둘 수 있어야 한다.

TIP

**집중력에 대한 오해를 버리자**
① 한 가지 장난감을 오래 가지고 놀지 못한다고 해서 다 산만한 것은 아니다. 집중하는 능력과 시간은 나이에 따라 다르다.
② 한 가지 놀이를 지속하는 시간이 또래보다 유난히 짧을 때 산만하다고 할 수 있다.
③ 무엇인가를 오랫동안 하는 것도 중요하지만, 하고 싶은 일을 멈출 줄 아는 능력도 집중력이다.

## 05
### LESSON

# 학령기는 또래관계 속에서
# 사회성을 키운다

학령기는 아이가 본격적으로 사회에 들어가서 집단생활을 하는 시기이다. 그런데 사회성과 관련해서 엄마가 해줄 수 있는 부분이 별로 없는 나이이기도 하다.

아이에게 친구를 만들어주고 싶어서 친구들을 불러서 피자를 시켜주면 피자만 먹고 간다는 말이 괜히 나오는 것이 아니다. 내 아이가 다른 아이들에게 친구로서 함께 놀고 싶은 아이가 아니라면 어떻게 해도 잘 놀게 하기가 어렵다. 그렇기 때문에 학령기는 본격적으로 사회적 관계, 사회적 상호작용이 아이의 삶에 굉장히 중요한 위치로 들어오는 시기이다.

## 🌱 자기중심성에서 벗어나야 사회성이 커진다

이때 가장 중요한 것은 자기중심성에서 벗어나는 것이다. 학교는 규칙이 있고 여러 아이들과 함께 생활을 하기 때문에 무엇보다 자기중심성에서 벗어나 협동하고 양보하고 규칙을 지키는 것이 중요하다. 선생님이 "자, 이제 수학 공부하자" 하는데 "싫어요. 저는 국어 공부할 거예요" 한다든지, 수업 시간인데 "난 놀 거야" 한다면 누가 그 아이를 좋게 볼 수 있겠는가.

**TIP**

**자기애가 심할 때 사회성 문제가 발생한다**

아이들이 "내 거야", "나만 할래" 하고 고집을 부리는 것이 바로 자기애이다. 자기애가 심하면 자신의 조망에서만 세상과 타인을 보는데, 그래서는 사회적인 관계를 맺을 수가 없다.

"내 것도 있지만 남의 것도 있어", "나도 하고 싶지만 쟤도 하고 싶어해" 하는 마음이 있어야 사회적 관계가 형성된다. 자기애는 어느 시기가 되면 극복이 되어야 하는데, 이를 극복하지 못하면 사회성이 개발되기 어렵다.

집단이란 개개인이 모여서 하나처럼 행동해야 하는 것이기 때문에 자신이 원하는 것을 하거나 자신이 원치 않는 것을 안 하는 것이 아니라, 다 같이 하기로 한 것을 지키는 것이 중요하다. 그런데 많은 부모들이 조그만 아이들을 교실에 모아놓고 한 시간 동안 못 움직이게 하는 것이 너무 억압적인 것 아니냐고 생각하기도 한다. 자유로운 교육을 선호하는 이러한 의견이 틀린 것은 아니지만, 또래 아이들은 거기에 적응을 했는데 내 아이는 적응 못했다면 그것은 내 아이의 적응력이 떨어진다는 것을 의미한다.

왜냐하면 아이들은 또래관계 속에서 자신이 주어진 과제를 잘해낼 때 자신감과 유능감을 느끼기 때문이다. 예를 들어 엄마가 예쁘게 그려준 그림을 가지고 가서 상을 받는 것은 1, 2학년 때가 지나면 끝난다. 3학년 때부터는 부끄럽게 생각하는 한편 자신은 그림을 그릴 수 없다고 생각한다. 또래관계를 통한 유능감이 아이의 좌절감을 좌우하는 것이다.

그렇기 때문에 아이가 또래관계를 잘 형성하고 적응할 수 있도록 도와주어야 하고, 친구들과 어울릴 수 있는 시간과 공간을 주어야 한다. 대부분의 엄마들이 '몇 시부터 몇 시까지는 학원, 몇 시부터 몇 시까지는 친구와 만나서 놀기' 하는 식으로 시간표를 짜주는데, 이런 식으로는 친구와 진정한 교류를 이루기가 쉽지 않다.

TIP

**눈치를 자주 보면 사회성이 부족한 아이?**
다른 사람의 눈치를 자주 본다면 그 아이는 사회성이 부족한 것일까? 사람들 사이의 관계를 편안하게 생각하지 못하고 쭈뼛거리는 모습을 보면 그렇게 생각할 수도 있지만 사실은 그 반대다. 이 아이는 상대방과 잘 지내고 싶기 때문에 눈치를 보는 것인데, 사회성이 부족하면 다른 사람의 마음이나 생각에 아예 관심을 두지 않는다.

 아이 스스로 문제를 해결할 기회를 줘라

또 흔한 예를 하나 들어보자. 아이가 놀러 나갔다가 울면서 집에 들어왔다.

"왜 울어? 무슨 일이야?"

"애들이 나랑 안 놀아줘. 자기들끼리만 놀고."

또 아이가 친구와 싸우고 다쳐서 들어온 경우는 어떨까.

"어, 이거 누가 그랬어? 왜 그랬어?"

"영민이가 때렸어."

이러면 엄마들은 성급하게 전화기를 들고 친구들 집에 전화를 한다. 그러나 이는 그렇게 단순하게 대처할 문제가 아니다. 우리 아이가 날이면 날마다 맞거나 때리면 문제다. 그럴 때는 엄마가 적극적으로 개입하는 것이 정답이다. 하지만 대부분의 아이들은 두세 번 때리고 두세 번 맞는다. 아이들은 그렇게 몸으로 부딪히면서 사회적 관계를 맺는다.

어렸을 때 누구나 한 번쯤 책상 가운데에 금을 그어놓고 짝꿍과 티격태격했던 일이 있을 것이다. 조금이라도 금을 넘어오면 치고 때리는 일이 다반사였다. 그렇게 다툰다고 해서 큰 문제가 생기지는 않는다. 아이들의 세상은 어른의 세계보다 훨씬 몸으로 많이 부딪힌다. 그것이 그 시기의 삶이고 사회적 관계인 것이다.

그런데 엄마가 성급하게 개입하면, 아이가 또래관계에서 생긴 문제를 스스로 해결할 수 없게 된다. 다 커서도 마마보이, 마마걸이 될 가능성이 크다. 이 시기에 아이가 또래관계 속에서 갈등을 겪고 스스로 해결하게끔 하지 않으면 아이는 끝까지 그것을 자기 힘으로 해결할 수 있는 능력을 키울 수 없다.

이때 부모가 해줄 수 있는 일은 직접 나서서 전화를 하고 따지고 해결하는 것이 아니다.

"어, 그랬어? 그래, 너 속상했겠다. 그래서 어떻게 했어?"

이렇게 들어주고, 지지해주고, 위로해주는 것이 훨씬 더 도움이 된다. 아이는 부모에게 그런 지지를 얻고 힘을 받아서 다시 또 세상으로 나가는 것이다.

세상에 나가서 항상 이기거나 항상 남들보다 뛰어날 수는 없다. 지거나 실패했을 때 견딜 수 있는 능력이 있어야 한다. 이러한 능력을 키우기도 전에 부모가 개입을 하면 그 능력은 영영 가질 수 없게 된다.

또한 좋은 부부관계를 통해서 아이에게 '교류란 이렇게 하는 것'이라는 본보기를 보여줄 필요도 있다. 내 아이를 훌륭하게 키우기 위해서는 부모 또한 훌륭한 사람이 되기 위해 노력하는 모습을 보여야 한다.

TIP

**사회성이 좋은 아이의 9가지 특징**

사회성이 좋은 아이는 몇 가지 특징을 가지고 있는데, 이는 성인에게도 똑같이 해당되는 이야기이다. 스스로 자신의 사회성은 어느 정도인지, 내 아이의 사회성은 어떤지 체크해보자.

① 함께 있으면 편안하다.
② 이야기를 하거나 놀이를 할 때 즐겁다.
③ 다른 사람의 마음을 잘 알아차린다.
④ 힘든 일이 있을 때 위로해주고 걱정해준다.
⑤ 주고받는 상호작용이 잘 된다.
⑥ 공격성이 많이 나타나지 않는다.
⑦ 불평, 불만을 많이 하지 않는다.
⑧ 규칙을 잘 지킨다.
⑨ 집단활동에 잘 참여한다.

**사회성이 부족한 아이의 9가지 특징**

반대로 사회성이 부족한 아이는 다음과 같은 특징을 지닌다.

① 함께 있을 때 편안하지 않고 자꾸 신경이 쓰인다.

② 짜증이나 화를 잘 낸다.

③ 다른 사람의 마음에는 큰 관심이 없다.

④ 억울하다, 속상하다는 표현을 많이 한다.

⑤ 혼자 놀이를 하거나 자기 마음대로 하려고 한다.

⑥ 신경질적이거나 공격적이다.

⑦ 자신은 규칙을 잘 안 지키면서 다른 사람에게는 훈계를 많이 한다.

⑧ 함께 놀 때 재미가 없다.

⑨ 상황파악이 잘 되지 않는다.

# 사회성발달의
# 모든 것

앞서 살펴본 사회성발달에 관한 내용을 한눈에 보이도록 표로 정리해보았다. 각 단계별로 어떠한 특징을 지니는지, 무엇이 가장 중요한지를 정리하였으니 아이가 사회성을 적절히 발달시켜나갈 수 있도록 돕기 바란다.

| | 특징 | 이렇게 해주세요 |
|---|---|---|
| 영아기(애착) | 자신의 신체 탐색, 타인의 존재 인식, 사회적 상호작용 증가, 분리개별화 | 사회성의 가장 중요한 토양 '애착'을 형성하라(상호응시, 모성놀이, 감정교환, 위안) |
| 유아기(놀이) | 자아발달, 성 정체성 인식, 자기주장이 강해짐, 본격적인 또래관계 시작 | 자기통제 능력(만족지연, 감정조절)을 키워줘라, 일관성 있는 훈육, 놀이는 백 번 강조해도 지나치지 않다 |
| 학령기(친구) | 사회적, 집단적 환경의 본격적인 시작, 탈자기중심화(협동, 양보, 규칙 준수), 또래관계를 통한 유능감 형성 | 또래관계 격려, 칭찬과 지지 |

# 사회성발달을 돕는
# 대화법

이제 6학년이 된 남자아이인데, 비만이 있다. 이제 곧 사춘기도 오고, 이성에 관심이 생길 텐데 신체조건 때문에 위축되거나 자신감 없는 아이가 될까 봐 걱정이다. 어떻게 도와줄 수 있을까?

보통 엄마들은 아이의 몸무게나 생김새, 얼굴 크기 등 외모가 자신감을 결정한다고 생각한다. 하지만 아이들은 자신이 예쁜지 그렇지 않은지를 자기 모습을 보고 판단하지 않는다. 가까운 사람들의 반응을 보고 판단한다. 그렇기 때문에 몸무게가 많이 나가도 "넌 참 건강하게 생겼구나. 운동을 하기에 참 좋은 몸매야. 조금만 운동하면 이게 다 근육이 될 수 있어"라고 자존감을 키워주는 동시에 격려해주는 방법을 써야 한다.

반대로 몸무게가 많이 안 나가는 아이에게는 "밥 좀 먹어라. 그러니까 그렇게 삐쩍 말랐지"라고 하는 대신 "넌 아이돌 몸매구나"라고 말해주는 것이 좋다. "날씬하니까 가볍고 좋겠다. 정말 텔레비전에 나오는 아이돌과 비교해도 전혀 손색이 없겠어"라고 말해주면 아이들은 자신이 허약한 약골이라고 느끼지 않고 자신감을 가질 수 있다.

가장 가까운 가족이 아이가 가지고 있는 외모상의 결함이라고 생각하는 부분에 대해 부정적인 말을 하지 않는 것이 중요하다. 그래야 아이가 그것을 자원으로 삼아 자신감을 만들 수 있기 때문이다.

가족이 자극을 줘서 개선할 수 있도록 도와주어야 다른 아이들에게 놀림을 받지 않는다고 생각할 수도 있는데, 가족이 그러면 다른 아이들에게 놀림을 받을 때보다 열 배는 더 상처를 받는다.

"넌 왜 이렇게 눈이 작니? 왜 이렇게 코가 납작하니?"라고 말하면 매일매일 아이의 자존감에 대패질을 하는 것과 같다. 자신에 대한 정체성이 채 성립되지도 않았는데 날마다 얼굴을 마주하는 가족이 장난으로라도 부정적인 말을 하면 아이는 절대 자신에 대한 긍정적인 이미지를 형성할 수 없다. 아이가 자신감을 가지고 세상 속으로 나아갈 수 있도록 격려하는 것이 가족이 해야 할 일이다.

여자아이의 경우는 끼리끼리 어울려서 노는 경우가 많다. 그러다 보니 학교에서 내 아이가 왕따가 될 수도 있지만, 다른 아이들을 따돌리는 경우도 생길 수 있다고 생각한다. 여자아이들은 어떤 심리를 가지고 있고 또 어떻게 가르쳐야 하는지 고민이다.

여자아이들은 발달이 빠른 편이고, 단짝친구도 빨리 만들고, 일단 그룹이 형성되면 조금 배타적인 성향도 가지고 있다. 그래서 화장실도 단짝친구와 손을 잡고 함께 가고, 한번 그룹이 형성되면 다른 사람이 끼어들기도 어렵다. 그런데 이는 대부분의 아이들이 그렇기 때문에 내 아이가 특별히 가해자나 피해자가 되지 않을까 싶은 생각은 버리는 것이 좋다.

가장 좋은 방법은 가족 내에서 서로 마음을 읽어주고 꾸준히 상대방의 감정을 배려해주는 것이다. 집에서 충분히 학습을 하고, 다른 사람의 감정을 배려하는 법을 배우면 아이는 밖에 나가서도 자연스럽게 그렇게 행동하게 된다. 그런 아이들은 학교에 가서나 또래관계에도 적응을 잘하고 사회성이 좋다.

나서서 이렇게 해라, 저렇게 해라 하며 지시를 하기 전에 "네가 그렇게 하니까 엄마 마음이 이래. 네가 이렇게 했으면 좋겠어. 그럴 땐 네가 이렇게 하는 것이 좋을 것 같아" 하는 식으로 끊임없이 상호작용을 해주는 것이 좋다.

# 우리 아이 사회성
# 발달 어떻게 도와줄까?

첫째, 최근에는 한 가정에 한 아이만 낳고 키우는 것이 당연해지다 보니, 부모가 아이의 요구대로 너무 맞춰주고 들어주게 됩니다. 그러면 아이들은 부모 이외의 다른 사람들도 부모처럼 자기 의도를 파악해서 모두 들어줄 것이라고 생각하게 되기 때문에 이런 아이는 자기주장이 강하고 이기적인 아이로 비춰질 수 있습니다. 아이들은 자기주장이 받아들여지고 많은 경험을 하며 자존감을 배우지만, 어느 정도의 실패 경험이 있어야 자기의 욕구와 세상의 규칙 사이에서 조절할 수 있는 힘이 생기게 됩니다. 따라서 아이의 양육에서 어느 정도의 규칙과 규율은 아이 스스로 할 수 있는 것과 할 수 없는 것을 조절해나갈 수 있는 능력을 배울 수 있도록 합니다.

둘째, 부모가 너무 엄격하거나 자기주장이 세서 무조건 부모의 말에 복종해야 하는 가정의 분위기이거나 반대로 아이가 뭔가를 요구하기 이전에 부모나 가족들이 먼저 나서서 알아서 해주는 경우에는 아이 스스로 원하는 바를 이야기할 수 있는 경험이 없기 때문에 자기주장이 부족한 아이가 됩니다. 이러한 경우 아이는 무의식 중에 가장 가까운 가족 내에서도 자기 의사를 표현하거나 주장을 이야기하면 안 된다고 느끼기 때문에 또래관계에서도 의사표현에 어려움을 보일 수 있습니다. 자기주장이 부족한 아이의 양육에 있어서는 학교에 가기 위해 어떤 옷을 입을 것인지와 같은 작은 것에서부터, 저녁메뉴는 무엇으로 할 것인지, 주말에 어디에 갈 것인지 등과 같은 의사결정 과정에 있어 아이의 의견을 묻고 부모와 함께 논의하여 결정하는 시간을 갖는다면 부모가 자신의 의견을 존중해준다고 느끼게 되고, 자신감 있게 자기의 생각을 이야기할 수 있습니다.

셋째, 화가 나거나 억울한 마음을 잘 참아내지 못하는 아이들은 또래 내에서 쉽게 화를 내고 공격적인 행동을 하기 쉽기 때문에 친구들이 멀리하게 됩니다. 사람에게는 화나고 속상하고 답답하고 슬프다는 등의 다양한 감정이 있는데, 이러한 아이들은 감정을 적절하게 분화시키지 못했기 때문에 '화', '공격성' 두 가지로 표현할 수밖에 없습니다. 때문에 이러한 아이들에게는 감정이 드러나는 상황에서 '그게 잘 안 돼서 속상하지?', '누나가 때려서 화가 났구나?', '원하는 대로 되지 않아서 답답하구나' 등과 같이 감정을 읽어주는 과정이 필요합니다. 그 이후 화가 나서 친구를 때리고 싶은 마음이 생겼을 때, 주먹을 쥐고 1부터 10까지 숫자를 센 후, 숨을 크게 3번 들이쉬는 행동을 반복하도록 연습하거나, 샌드백과 같이 안전하게 분노를 표출할 수 있는 도구를 활용하는 것이 도움이 될 수 있습니다.

펄 아동청소년상담센터, 오진주 상담사
참고: 내일신문, 2013.04.11

# 정서지능 체크리스트

해석

나의 정서지능 수준은 어느 정도인가?

| | 대체로 그렇다 | 대체로 그렇지 않다 |
|---|---|---|
| 1. 속이 탈 때도 평정심을 유지하는가? | | |
| 2. 과거의 실수에 대해 죄책감을 느끼거나 ... 불편한가? | | |
| 3. 결심만 하면 누구나 사랑하고 존중할 수 있는가? | | |
| 4. 미래에 대해 ... 걱정하는가? | | |
| 5. 다른 사람에 대해 참고 인내하는가? | | |
| 6. 식탐이 많은가? | | |
| 7. 자신의 모습에 만족하는가? | | |
| 8. 화내고 짜증내는 편인가? | | |
| 9. 다른 사람과 좋은 관계를 맺는가? | | |
| 10. 스스로 너무 많이 비난하는가? | | |
| 11. 대인관계 문제에 대해 좋은 해결책을 생각해 내는가? | | |
| 12. 쉽게 낙담하는 편인가? | | |
| 13. 다른 사람의 진실한 의도를 쉽게 알아차리는가? | | |
| 14. 자기에 대해 수치심을 자주 경험하는가? | | |
| 15. 감동 받거나 낙담될 때 그 이유를 꼭 집어 볼 수 있는가? | | |
| 16. 자신의 느낌과 감정을 말하기가 매우 어려운가? | | |
| 17. 감동 받거나 낙담할 때 어떻게 극복해야 하는지 아는가? | | |
| 18. 스트레스는 결코 끝나지 않는다는 생각을 ... 있는가? | | |
| 19. 위로와 칭찬의 말을 그 당사자에게 건네는가? | | |
| 20. 일이 잘못되면 가혹하게 자책하는가? | | |

홀수 번 : '그렇다'를 2점씩 / 짝수 번 : '그렇지 않다'를 2점씩 계산하여 합산한다.

01

LESSON